아이가 행복한

# 영어책 읽기의 모든 것

# 아이가 행복한 영어책 읽기의 모든 것

이장호 · 그레이스 김 지음

교육과학사

# 머리말

영어교육 전공자로서 가장 많이 듣는 질문 중 하나는 "어떻게 아이에게 영어를 가르쳐야 되나요?"입니다. 영어교육 분야 내에는 수많은 이론들과 교수법이 존재하기 때문에 이 질문에 한 가지 답을 제시할 수는 없습니다. 그럼에도 불구하고 '영어책 읽기'의 효과에 대해 반론을 제기하는 영어교육 전문가는 거의 없을 것입니다. 우리나라와 같이 영어를 외국어로 접하는 EFL(English as a Foreign Language) 상황에서 분명히 영어책은 양질의 영어 인풋(Input)을 제공하고 영미권 문화를 자연스럽게 접하게 해주는 훌륭한 자원입니다. 이 책에서는 어떤 영어책을 읽게 하고 어떻게 읽어 줘야 할지 알려 드리고자 합니다.

영어책 읽기에 대한 이상적인 가이드라인을 제시하기 위해 영어교육 전문가 이장호와 아동문학 전문가 그레이스 김이 힘을 합쳐 영어교육이론과 아동문학작품 분석이 녹아든 책을 쓰게 되었습니다. 책의 저자인 저희들은 '행복한' 아동영어교육이 어떤 것일지 깊이 고민하며 부모로서 아이들에게 영어책을 읽어 주었던 경험과 노하우를 녹여내어 부모님들의 눈높이에 맞춘 아동영어교육책을 쓰고자 노력을 기울였습니다. 이러한 저희의 노력이 부디 부모님들과 아동영어교육 분야의 선생님들에게 많은 도움이 되었으면 하는 바람입니다.

# 고마운 분들

## 이장호 Thanks to

우선 저에게 아동문학의 가치와 부모의 자세에 관해 많은 지혜를 전해 주신 그레이스 김 교수님께 깊은 존경과 감사를 드립니다. 항상 저를 격려해 주시는 중앙대학교 영어교육과 교수님들께 감사의 말씀을 드립니다. 제가 나태해지지 않도록 이끌어 주시는 저의 연구 동료인 이한솔 교수님께도 감사를 전합니다.

이 책이 세상에 나오도록 도움을 주신 교육과학사 한정주 대표님과 편집진께도 깊은 감사를 드립니다. 또한 제가 영어교육 분야의 학자가 되는 데 물심양면 지원해 주시고 항상 저를 응원해 주시는 부모님께도 감사를 전합니다.

마지막으로 이 책을 사랑하는 아내와 두 딸에게 바칩니다.

## 그레이스 김 Thanks to

먼저 행복한 아동영어교육을 함께 꿈꾸며 아이들의 바른 영어책 읽기 습관을 전할 수 있게 해 주신 이장호 교수님께 깊이 감사 드립니다. 이와 함께 대학에서 조기 영어 리터러시 관련 강의들을 하며 많은 것을 배울 수 있도록 해 주신 중앙대학교 교육대학원의 교수님들께도 감사 드립니다.

미국에서 쌓은 스토리텔링과 아이들을 위한 책을 선정하는 전문적인 경험들을 한국에 돌아와서 다양한 프로젝트 개발과 참여를 통해 꽃피울 수 있도록 인도해 주신 잉글리시헌트의 한정림 대표님께 존경과 감사를 보냅니다.

또한 특별히 애정을 갖고 수고해 주신 교육과학사 한정주 대표님과 편집진의 노고에도 감사 드립니다.

끝으로 나의 삶을 인도해 주시는 주님께 감사 드리며 가장 좋은 친구로 또 동역자로 항상 응원해 주는 사랑하는 남편 김광준과 엄마로서 삶의 보람과 기쁨을 느끼게 해 주는 사랑하는 아들 Austin에게도 감사를 전합니다.

## 프롤로그

# 포스트 코로나 시대를 맞이하며

작년 한 해 코로나로 인해 사람들의 삶에 큰 변화가 있었습니다. 그중 특히나 아이를 키우는 가정에서는 교육과 보육 문제로 큰 어려움이 있었는데요, 학교와 학원이 문을 닫고 원격수업을 하게 되었고 아이들이 집에서 지내는 시간이 늘어나면서 미디어 노출 시간도 늘어갔습니다. 그 과정에서 아이들의 교육 공백이 생겼고, 그로 인해 부모님들의 마음도 조바심이 날 수밖에 없었습니다. 특히 우리나라에서 영어는 유아기부터 사교육에 많이 기대어 많은 시간과 돈을 소모하는 과목 중의 하나입니다. 많은 부모님들이 큰 비용을 들여서 아이들을 영어유치원이나 학습식 영어학원에 보내셨지만, 코로나 상황 속에서 마스크를 쓴 채 수업을 하여 입 모양도 보지 못하고 회화를 연습하고 이마저도 학원 영업 중단으로 보내지 못하고 있는 실정이지요. ZOOM 등을 활용한 실시간 화상수업으로 학습을 대체하고는 있으나 유아나 초등 저학년 아이들에게는 상호작용이 가능한 교육은 여전히 어려운 실정입니다.

이 상황에서 집에서 아이들을 데리고 안전하게, 풍부한 상호작용을 하며 영어를 즐기고 배울 수 있게 만드는 대안이 절실한 상황입니다. 아이들이 스마트기기를 활용하여 영어교육 앱을 사용하고 온라인상에서 영어 콘텐츠를 즐기며 영어를 배우는 것도 좋은 방법입니다. 그러나 이러한 방식은 인간 대 인간의 상호작용, 그리고 조금은 느리지만 인류의 본질적인 가치와 감정을 이해하고 느끼게 만드는 데에는 부족해 보이는 것이 사실입니다. 그 부분을 채워 줄 방법은 결국 영어책을 부모와 함께 읽고 즐기는 시간을 늘리는 것이라고 믿어 의심치 않습니다. 저희는 아이들이 학원에서, 스마트기기에서 접할 수 없는 부모님의 따뜻한 품, 음성, 아름다운 그림, 그리고 중요한 가치를 담고 있는 스토리를 영어책을 읽으며 느끼게 되길 바랍니다. 그리고 몇 달 간만이라도 영어학원의 레벨 테스트와 아웃풋(Output)을 잊어버리고 경쟁과 점수의 압박을 내려놓고, 부모님과 영어책의 세계에 풍덩 빠져 들어갔으면 하는 마음으로 이 책을 집필하였습니다. 이러한 영어에 대한 접근 방식을 통해 요즘 아이들이 결핍되어가는 공감능력과 인간성을 키울 수 있게 된다면, 코로나 상황이 나아진 세계로 돌아갔을 때 더 빠르게 적응할 수 있을 것이고, 자연스럽게 영어 실력을 덤으로 얻을 수 있을 것입니다.

코로나로 인한 상황은 영원하지 않을 것입니다. 그러나 그 이후는 좀 더 앞당겨진 인공지능이 인간을 대체하는 시대가 올 것으로 예측됩니다. 구글이나 파파고의 번역기술의 발달로 외국어학습의 중요성이 떨어질 수도 있습니다. 그렇다면 인공지능 번역기에 대체되지 않는 아이의 영어실력은 무엇일까요? 단어를 달달 외우고 시험을 잘 보고 높은 점수를 얻는 것일까요, 아니면 영어에 자기의 감성을 넣어 표현하고 서로 간의 소통의 중요성이 강조되는 글로벌 사회에서 더 넓은 마음으로 소통할 수 있는 것일까요? 부모님들께서 이 책을 통해 그에 대한 답을 얻으실 수 있기를 바랍니다.

## 이 책의 구성

이 책은 총 3개의 파트로 구성되어 있습니다. Part 1에서는 영어책 읽기와 관련하여 영어교육이론, 아동발달이론, 독서지도법, 영미권 아동문학상 수상작의 소개 및 분석 등을 통하여 어떠한 영어책을 읽어야 하고 또 어떻게 지도해야 되는지에 대해 이야기합니다. 특히 이론 부분과 관련하여 비전공자분들도 가급적 쉽게 이해하실 수 있도록 작성하였습니다.

Part 2에서는 유형별, 작가별, 주제별로 추천 도서들을 제시하고 해당 도서들에 대해 심도 있게 다루었습니다. 특히 작가별 추천 도서 섹션에서는 영미권 아동문학 관련 유명 저자 10명을 선정하였고, 해당 작가들의 작품을 활용한 영어학습활동을 포함하여 부모님들께서 자녀들과 함께 책을 읽으시고 읽기 전/중/후 활동을 해보실 수 있도록 구성하였습니다.

Part 3에서는 영어책 읽기와 더불어 온라인상에서 쉽게 접할 수 있는 영어학습 자료들에 대한 소개를 추가하였습니다. 특히 Part 1

과 Part 2에서 소개한 영어책 읽기와 독서 지도에 도움이 될 수 있는 것들 위주로 소개하고자 하였습니다. Part 3의 첫 번째 장에서는 유튜브의 추천 채널과 영어학습용 챗봇에 대한 소개, 그리고 두 번째 장에서는 방대한 양의 작품들을 무료로 접할 수 있는 웹사이트와 자녀 영어교육에 활용할 수 있는 파닉스/게임 기반 읽기 관련 웹사이트, 그리고 자녀의 어휘 수준 및 활용하고자 하는 텍스트의 수준을 측정할 수 있는 프로그램 등을 다루었습니다. 특히 두 번째 장과 관련해서는 가급적 쉽게 활용할 수 있는 웹사이트 및 프로그램을 중심으로 소개하였습니다.

## 이 책이 어떻게 탄생하게 되었는지

중앙대학교 영어교육과 교수에 임용된 후 2015년부터 중앙대학교 교육대학원 조기영어교육 전공의 주임을 맡으며 아동영어교육에 대해 관심을 가지게 되었습니다. 또한 두 아이의 아빠로서 아이들에게 영어 동화책을 읽어주면서 영어교육 전문가이자 아빠로서의 경험을 책에 담고 싶었습니다. 특히 코로나 사태로 아이들과 집에서 많은 시간을 보내게 되면서 비슷한 상황에 처해 있을 부모님들과 아이들을 도울 책을 써야겠다는 생각을 가지게 되었고, 마침 같은 생각을 가지고 계셨던 그레이스 김 교수님과 함께 책을 집필하게 되었습니다.

저희가 이 책을 계획했던 단계에서 세웠던 몇 가지 목표가 있었습니다. "학원과 스마트기기와는 차별화되는, 부모님이 직접 읽어

주는 영어 동화책 읽기의 중요성을 알리기", "아동영어교육 관련 이론들을 누구나 이해하기 쉽게 설명하기", "영미권의 아동문학 작품들이 담고 있는 가치가 우리 아이들에게 어떤 메시지를 주는지 제시하기" 등입니다. 이 책을 통해 영어교육이론과 아동문학을 균형 있게 녹여내고자 노력하였고 영어교육에 대한 고민을 가지고 계신 부모님들이 아동영어교육에 대한 통찰력을 얻게 되시길 바랍니다.

2021년 봄

흑석동 연구실에서

이장호

# 차례

## 제 2 장 영어책, 어떻게 읽어야 할까?



# PART 2 영어교육 전문가가 추천하는 도서

## 제 1 장 유형별 추천

## 제 2 장 작가별 추천



## 제 3 장 주제별 추천

## PART 3 포스트 코로나 시대의 영어교육

### 제 1 장 유튜브와 챗봇 활용하기



### 제 2 장 웹사이트 활용하기

# PART 1

# 영어책 읽기에 관한 ABC

# 제 1 장

# 영어책, 무엇을 읽어야 할까?

# 01
# 자녀의 꿈을 이루어 주는 열쇠
## 독서의 힘

여러분은 자녀의 꿈이 이루어지도록 하기 위해 무엇을 하고 있습니까?
What do you do to help your children achieve their dreams?

이 질문은 『마지막 강의 The Last Lecture』의 저자 랜디 포시(Randy Pausch) 교수가 던진 질문입니다.

미국 카네기멜론 대학교의 컴퓨터공학과 교수였던 랜디 포시 교수는 48세라는 젊은 나이에 췌장암으로 아깝게 생을 마감했습니다. 인간과 컴퓨터의 상호관계를 연구하며 많은 상을 받고 젊은 나이에 종신교수로 임명되며 활발히 활동하던 포시 교수는 암과 투병한 지 1년 만에 의사로부터 남은 생명 시한이 3개월에서 6개월이라는 청천벽력 같은 통보를 받았습니다.

눈에 넣어도 아프지 않은 세 명의 어린 자녀를 두고 있던 포시 교수는 자신의 자녀들이 성장했을 때 그들 곁에 자기가 있어줄 수 없음을 깨닫고 자녀들 인생의 유익한 길잡이가 되어 주길 바라는 마음으로 "어린 시절 꿈을 이루기(Achieving your childhood dreams)" 라는 부제의『마지막 강의 The Last Lecture』라는 책을 출간했습니다. 이 내용을 바탕으로 그는 카네기멜론 대학에서 실제로 생애 '마지막 강의'를 가졌고, 이때 녹화된 강의는 지금도 전 세계 많은 이들에게 큰 감동을 주고 있습니다.

이 강의는 제가 어떤 부모인지 저 스스로를 돌아보게 만드는 계기를 제공했고 이후로도 언제나 부모의 자세에 대해 끊임없이 생각하게 만들었습니다. 포시 교수는 카네기멜론 대학에서 행한 '마지막 강의'에서 강당을 가득 메운 청중들에게 자신에겐 남은 시간이 불과 몇 달밖에 남지 않았다고 말하며 담담하게 강의를 시작했습니다. 비록 암으로 인해 남은 생애가 얼마 남지 않았다는 진단을 받았지만 현재의 체력은 어느 때보다 강하다며 팔 굽혀 펴기를 해 보여 청중을 웃게 만들기도 했습니다. 이어지는 강의에서 그는 "여러분은 여러분의 자녀가 꿈을 이룰 수 있도록 돕기 위해 무엇을 하고 있나요?"라고 진지하게 묻고 자기는 어린 시절의 꿈을 이룬 운 좋은 사람이라고 말한 뒤, 자기가 어떻게 그 꿈을 이룰 수 있었는지를 청중에게 들려주었습니다.

"엄마(아빠), 제 방의 벽에 그림을 그려도 돼요?" 이같은 질문을 자녀로부터 받는다면 여러분은 뭐라고 대답할까요? 스스로에게 질문을 던져 봅시다. 아직 자녀가 없는 독자라면 미래의 나는 어떻게 대답할지 생각해 보세요. 포시 교수는 자기 부모님은 어린 시절 자기 방 벽에 그리고 싶은 것을 마음껏 그릴 수 있도록 해 주었다고 소개하며, 이와 같이 상상력을 키워주고 응원해 준 부모님 덕에 자기는 어린 시절 꿈을 이루고 컴퓨터공학 교수가 될 수 있었다고 말했습니다. 포시 교수는 작은 초록색 네모를 벽에 그리고 금성으로 가는 비밀 통로(SECRET PASSAGE TO VENUS)라고 적어 놓거나 백설공주에 나오는 거울을 그려 놓고는 세상에서 누가 가장 예쁘냐고 묻는 왕비에게 "당신이라고 대답하였었는데 사실은 거짓말이었다."라고 설명하는 등 그의 방에는 풍부한 상상력을 보여주는 각종 그림과 글이 있었습니다.

포시 교수의 어린 시절(Plaxina, 2021)

그의 이야기 중 감동적인 에피소드를 하나 더 소개하고자 합니다. 젊은 시절, 새 차를 사서 누나에게 보여주고 두 명의 조카와 누나를 태우고 시승식을 했는데 누나가 아이들에게 삼촌의 새 차를 더럽히지 말라고 오랜 시간 잔소리를 했습니다. 누나의 말을 가만히 듣고 있던 그는 탄산음료를 따서 차의 뒤 시트에 부었습니다.

놀라는 조카들에게 "걱정 마, 얘들아. 사람이 더 중요해."라고 말해 주었습니다. 며칠 후 조카가 삼촌 차를 탔다가 구토를 했지만 조카는 마음이 편할 수 있었습니다. 삼촌이 이미 차보다 자신이 더 중요하다고 말해주었기 때문이었지요.

조카들을 위해 차에 음료를 붓는 포시 교수(Plaxina, 2021)

한 시간 남짓 진행된 '마지막 강의' 강연에서 포시 교수는 "행운은 실로 준비된 자에게 기회로 다가온다."와 같은 인생을 살아가는 데 필요한 주옥같은 지혜들을 나눈 후 다음과 같이 강의를 마무리 짓습니다.

"오늘의 강의는 제 어린 시절 꿈에 관한 것, 다른 사람의 꿈을 이루어 주는 것, 그리고 제가 배운 삶의 지혜들에 관한 것이었습니다. 사실 '어린 시절 꿈을 이루기'에 대한 것이라기보다는 인생을 어떻게 살아야 하는가에 관한 이야기지요. 인생을 바른 방향으로 살아

> 가다 보면 그대로 보답 받을 것이며 꿈이 여러분에게 다가올 것입니다. 그런데 혹 여러분은 눈치를 채셨나요? 오늘 제 강의는 여러분을 위한 강의가 아니었습니다. 사실은 사랑하는 저의 세 자녀 딜런(Dylan), 로건(Logan), 클로이(Chloe)에게 주는 메시지였습니다."

저는 이 부분에서 울컥한 감정을 참을 수 없었습니다. 너무도 사랑하는 자녀들이 자라났을 때 옆에 있어 주지는 못하겠지만 자녀들에게 삶의 지혜를 남겨주고 싶은 아빠의 진심에서 우러나온 사랑이 온전히 전해졌기 때문입니다.

저는 교사 연수나 학부모 세미나의 참가자들에게 랜디 포시 교수가 '마지막 강의'에서 했던 질문을 자주 던집니다. "여러분은 자녀의 꿈을 이루어 주기 위해 무엇을 하고 있나요?" 이 책을 읽고 있는 독자 여러분도 한 번 본인에게 질문해 보시기 바랍니다. 나는 본인의 자녀 혹은 주위의 어린이들이 꿈을 이룰 수 있도록 무엇을 하고 있는지......

이 책을 통해 자녀들의 영어교육을 위해 알아야 할 노하우를 터득할 뿐 아니라 자녀들의 꿈이 무엇인지 생각해 보고 그들의 꿈이 이루어지기 위해 여러분이 함께 무엇을 할 수 있는지 스스로 돌아보는 기회가 되길 바랍니다.

## 꼴찌에서 세계 최고의 신경외과 의사를 길러낸 엄마의 비결

자녀들의 꿈을 이루기 위해 반드시 필요한 것은 독서의 힘입니다.

독서의 세계는 가난하건 부자이건 차별 없이 누구에게나 문이 열려 있지요. 동물의 세계, 공룡의 역사, 산업혁명, 과학, 우주, 영화, 음악, 연극의 세계 등 독서를 통해 어느 분야나 제한 없이 누구나 경험할 수 있습니다. 아이들은 책을 읽으며 과학자가 되기도 하고 아마존 정글을 탐험하거나 위대한 피아니스트가 되기도 합니다. 이처럼 독서를 통해 다양하고 폭넓은 경험을 하며 소질을 발견하기도 하고 재능을 키우며 인생을 설계할 수도 있습니다.

또한 아이들은 독서의 세계를 통해 비행기를 타지 않고도 파리의 에펠탑에도 가고 이집트의 피라미드와 말로만 듣던 비엔나의 오페라 하우스로 여행을 하기도 합니다. 우주선을 타고 지구를 내려다보는 놀라움을 느끼기도 하고, 은하수를 가로지르기도 하며 장소의 구애를 받지 않고 공간을 초월하는 멋진 경험들을 해 볼 수 있지요.

어디 그뿐인가요? 독서의 세계는 시간을 초월할 수 있는 배움의 장이기도 합니다. 수백 년, 수천 년 전의 과거를 방문할 수도 있고 수백 년 후 미래를 경험해 볼 수도 있습니다. 고구려 시대 만주를 호령하던 장수들을 만나기도 하고 공룡이 활보하던 시대로 돌아가 티라노사우루스를 타보기도 하고 아문센과 함께 남극 썰매 여행을 체험하기도 합니다. 타임머신을 타고 지구 탄생의 비밀도 알아보고 빙하기에도 가볼 뿐만 아니라, 미래로 날아가 달로 수학여행을 갈 수도 있습니다.

이와 같이 시간과 공간을 초월하는 다양한 경험을 할 수 있도록 도와주는 독서의 힘이 현실로 이어지는 감동적인 일들이 실제로 일어나기도 하는데요, 자신의 아들을 꼴찌에서 세계 최고의 신경외과 의사로 길러낸 벤 카슨(Ben Carson)의 어머니 소냐의 이야기는 이를 보여주는 좋은 예입니다.

벤 카슨은 미국 존스 홉킨스 대학병원 소아신경외과 과장을 지낸 신경외과 의사입니다. 33세에 미국에서 소아신경외과 최연소 책임자가 되었으며 몸이 붙은 채 태어난 샴쌍둥이를 분리하는 수술을 최초로 성공시켜 2008년 대통령 자유 훈장을 수여받기도 했습니다. 벤 카슨은 그의 삶을 통해 독서의 중요성을 전 세계에 보여주는 인물이기도 합니다. 가난한 흑인 슬럼가에서 태어난 벤은 초등학교 5학년까지 전교 꼴찌를 도맡아 하며 아이들로부터 공부 못하는 바보로 취급 받았었지요.

그의 어머니 소냐는 남편 없이 혼자 두 아들을 키우며 어렵게 생계를 꾸려갔습니다. 초등학교 졸업장도 받지 못하고 3학년까지의 학력이 전부인 그녀가 홀로 생계를 꾸리는 것이 얼마나 어려운 일이었을지는 쉽게 짐작해 볼 수 있습니다. 심한 생활고를 겪던 벤의 어머니는 삶이 너무 고달파 한때 극단적인 선택을 하고 자살 시도까지 했었는데요, 이처럼 사는 것이 막막했지만 그녀가 놓을 수 없는 것이 하나 있었습니다. 바로 독서의 힘을 믿는 것이었지요.

그녀는 두세 가지 일을 하느라 아이들과 많은 시간을 함께 보낼 수는 없었지만 독서의 중요성을 잘 알고 있었기에 두 아들에게 매주 두 권의 책을 읽고 독후감을 쓰도록 했습니다. 학교에서는 말썽꾸러기에다 공부와는 벽을 쌓고 지내던 벤이었지만 혼자 고생하는 어머니의 권유를 무시할 수 없어 어쩔 수 없이 도서관에서 책을 빌려 읽기 시작했습니다. 그러던 어느 날 쳇바퀴 돌 듯 무의미한 생활이 계속되던 벤의 삶에 상상할 수 없던 일이 일어났습니다. 5학년 과학 시간에 선생님이 검은 돌을 하나 들고 오셔서는 "이 암석의 이름을 아는 사람?"이라고 물어보신 것입니다.

제가 미국 도서관에서 일했을 때 저는 많은 아이들이 암석의 이름과 특성을 다룬 암석과 광물 관련 책들을 좋아하는 것을 알 수 있었습니다. 내셔널 지오그래픽 키즈(National Geographic Kids)의 『암석과 광물 Rocks and Minerals』 책과 『암석과 광물에 관한 모든 것 Everything Rocks and Minerals』를 비롯해 『나의 암석과 광물책 My Book of Rocks and Minerals』 등 암석 관련 책은 아이들에게 인기가 많았습니다. 평소 암석에 관심이 많던 벤 카슨도 이 암석과 광물 책들을 여러 차례 읽었던 터라 거의 모든 암석의 이름을 알고 있었지요. 그러나 수업 시간에 발표를 거의 하지 않던 그는 선생님의 질문에 손을 들지 않고 주저하고 있었습니다. 아무도 대답을 하지 못하자 선생님이 다시 물으셨습니다. "이 검은 돌의 이름을 아는 사람이 아무도 없니?" 벤이 주위를 둘러보고 쭈뼛거리며 손을 들었습니다. "그래 벤, 말해 보렴." 선생님이 말씀하시자, "그것은 흑요석이에요."라고 답했습니다. "잘 맞혔네. 맞아, 흑요석이야. 혹시 이 흑요석이 어떻게 생기는지도 아니?"라고 이어진 선생님의 질문에 벤이 "화산 분화구에서 흘러나온 용암이 식어서 만들어집니다."라고 답하자 반의 모든 아이들이 "와우!" 하며 벤을 바라보았습니다.

벤은 자신의 책에서 그 당시를 회상하며 그 순간 선생님과 교실의 모든 친구들이 놀랐지만 가장 놀란 사람은 바로 자신이었다고 말합니다. "와우!"라고 감탄하면서 자신을 바라보는 친구들의 시선을 느끼면서 그는 살면서 처음으로 자신이 바보가 아니라는 사실을 깨닫고 전율을 느꼈다고 회고합니다. 이어 선생님께서 맞았다고 칭찬해 주시며 수업 후 과학실로 오라고 하셨습니다. 과학 선생님은 수업이 끝난 후 찾아온 벤에게 현미경을 통해 살아있는 미생물들을 보여주셨고, "누군가 네 삶에 새로운 문을 열어주었구나. 이제 너에게 새로운 세상이 열릴 거야."라고 격려해 주셨습니다. 이후 벤 안에 숨어 있던 잠재 능력이 발휘되기 시작했으니, 꼴찌였던 벤은 세계 최고의 신경외과 의사로 성장하였습니다.

벤에게 현미경을 보여주는 과학 선생님(Plaxina, 2021)

벤 카슨의 『싱크 빅 Think Big』이라는 책은 벤이 생각하는 8가지 삶의 법칙의 앞 글자를 딴 것입니다. 이들은 재능(talent)의 T, 정직(honesty)의 H, 통찰력(insight)의 I, 친절함(nice)의 N, 지식(knowledge)의 K, 그리고 책(books)의 B, 심도 깊은 학습(in-depth learning)의 I, 하나님(God)의 G를 뜻합니다.

여러분의 자녀를 글로벌 인재로 키우길 원하시나요? 놓쳐서는 안 될 중요한 덕목 중 하나가 독서입니다. 아이들로 하여금 책을 놀이 삼아 읽을 수 있도록 해 주시고 좋은 책을 많이 소개해 주시기 바랍니다.

독서의 마법의 힘을 알게 되면, 여러분의 자녀도 놀라운 기적을 보여줄 것입니다. 책은 아이의 꿈을 이루는 데 가장 중요한 요소임을 잊지 마세요!

## 02

# 독서와 이해 가능한 입력 수준의 중요성

크래션 입력 가설로부터의 메시지

### 이해 가능한 입력 가설이란?

영어 동화책을 자녀에게 읽어주다 보면 아이들이 "이 책 좀 어려워", "어려운 단어가 많아", "문장이 너무 길어"라고 말하며 종종 영어책 읽기에 거부감을 보일 때가 있습니다. 이러한 경우는 일반적으로 책에 포함되어 있는 단어나 문법, 혹은 그 외의 요소들이 아이들의 현재 영어 수준보다 다소 높은 경우일 것입니다. 자녀가 높은 수준의 영어책을 빠른 시기에 읽었으면 하는 것은 많은 부모의 바람이지요. 그러나 우리는 너무 어려운 수준의 책을 자녀에게 제시할 때 성공적인 독서가 이루어지지 못한다는 것을 경험적으로 알고 있습니다. 마찬가지로 영어 동영상을 보여줄 때, 어떤 영상의 경우에는 자녀가 내용을 거의 이해하지 못하고 화면만 멍하니 쳐

다보고 있거나 "이거 재미없어"라고 말하며 다른 영상을 보여달라고 떼쓰는 상황을 경험했을 것입니다. 이런 경우에 실제로 영상물의 내용이 아동에게 흥미롭지 않아서일 수도 있으나 많은 경우에는 영상물에 포함된 영어의 수준이 다소 높기 때문일 수도 있습니다. 그렇다면 우리는 자녀의 효율적인 영어학습을 위해 어떤 수준의 영어책과 영상을 제시해야 될까요?

스티븐 크래션(Stephen Krashen)은 미국 캘리포니아의 남가주대학에서 수많은 제2언어 습득 관련 연구를 진행한 학자입니다. 아마 이 책의 독자분들 중에 영어교육 관련 서적을 읽어보신 분들이라면 그의 이름을 한번쯤은 들어보셨을 것입니다. 그가 제시한 제2언어 습득과 관련된 가설들은 영어교육 분야에 커다란 영향력을 끼쳤는데, 그중에서도 위에서 이야기한 적절한 영어학습을 위한 책이나 영상 선정과 관련된 것이 바로 이해 가능한 입력 가설(Comprehensible Input Hypothesis)입니다. 이해 가능한 입력 가설에 의하면 제2언어의 습득은 학습자가 현재 본인의 수준에 맞는 입력(input)보다 한 단계 높은 수준(+1)의 입력(즉, i+1)에 노출될 때 가장 잘 일어난다고 합니다. 또한 이 가설에 따르면, 학습자가 현재 본인의 수준과 딱 맞는 입력(i)이나 두 단계(i+2) 혹은 그 이상의 높은 수준의 입력이 제시될 때 제2언어 습득은 잘 일어나지 않는다고 합니다. 쉽게 설명하자면 i의 경우에는 학습자가 새로 배울 내용이 없고, i+2의 경우에는 너무 어려워서 배우지 못한다는 것이지요. 사실 이해 가능한 입력 가설은 제2언어 습득과 관련된 이론들을 따로 배우지 않았더라도 약간의 교수(teaching) 경험이 있는 분이라면 직관적으로 느끼고 있는 내용일 것입니다.

그럼에도 불구하고 크래션의 이해 가능한 입력 가설은 그의 다른 가설들과 함께 제2언어 습득 분야에서 1980년대에 가장 큰 주목을 받았고, 제2언어 습득에서 입력이 가장 중요한 요소 중 하나라는 점을 각인시켰다는 데 의의가 있습니다.

이해 가능한 입력 가설은 특히 아동 영어 학습자를 대상으로 여러 가지 시사점을 제시하는데요, 아동의 경우 본인의 수준보다 너무 높은 학습자료를 제시받았을 때 쉽게 동기를 잃게 되며, 이러한 경험은 향후 영어 학습에 매우 부정적인 결과를 가져올 수도 있기 때문입니다(김태영, 2016). 따라서 적절한 수준의 영어책을 선정하는 것은 매우 중요한 일이라고 볼 수 있겠습니다.

사실 크래션은 이해 가능한 입력 가설에서 제2언어를 습득할 때 학습자의 수준에 맞는 입력보다 한 단계 높은 수준인 'i+1'을 강조하지만, 즐거움을 위해 책을 읽을 때는 수준을 조정해야 합니다. 즐거움을 위해 책을 읽을 때는 학습자의 현재 수준보다 오히려 다소 낮은 'i-1' 혹은 'i-2' 수준의 도서를 읽어야 독서의 즐거움을 느끼고 또한 읽기 유창성이 생긴다는 것입니다. 따라서 'i+1' 원칙에 따라서 자녀의 수준보다 높은 책을 강요한다면 효과적인 독서가 이루어지지 못할 것입니다. 이해 가능한 입력 가설의 언어 습득이란 독서를 통한 읽기 능력보다는 문법이나 통사적 지식의 습득에 초점이 맞추어져 있다는 점을 기억해 두시기 바랍니다.

## 크래션 교수가 강조하는 독서의 중요성

크래션 교수는 이와 함께 영어 학습 방법으로 독서의 중요성을 다음과 같이 강조합니다.

> "나는 어떻게 하면 학습적인 읽기 쓰기 능력을 발달시킬 수 있는지, 또한 사람들의 'highest levels of literacy', 즉 글을 잘 읽고 쓰는 능력의 최대치를 만들 수 있는지를 알고 있다. 정답은 바로 우리 모두가 알고 있는 것, 바로 독서이다."

그는 또한 독서 중에서도 '자율독서(Free Voluntary Reading)'가 다른 읽기 방식보다 더 효과가 있는 종류의 독서라고 하였습니다. 그가 말하는 자율독서란 하고 싶어서 하는, 읽고 싶어서 읽으며, 독후감을 쓸 필요도 없고, 그 책을 좋아하지 않으면 내려놓고 다른 책을 고르면 되는 그런 독서를 말합니다. 그리고 이러한 자발적인 독서가 영어를 학습하는 데 가장 효율적이라고 주장합니다. 크래션 교수는 "자율독서는 우리의 읽기 능력의 근원이요, 우리가 사용하는 단어의 대부분을 차지하는 근원"이라고 덧붙였습니다(Krashen, 2004).

크래션 교수는 이를 입증할 수 있는 사례로 1965년 출간된 책을 예로 들었습니다. 다니엘 페이더(Daniel Fader)가 소년원에 있던 남자 아이들을 대상으로 그들이 관심을 가질 만한 책을 주고 자율독서를 하도록 하면서 2년 동안 관찰한 후, 2년이 끝날 무렵에 아이들을 테스트했는데 독서를 한 아이들은 모든 영역에서 향상된 모습을 보였다고 합니다. 독서를 하지 않은 아이들은 점수가 그대로거나 더 내려간 반면, 독서를 한 학생들은 문법 시험에서도 문법 수업을 들었던 학생들보다 오히려 점수가 더 높은 것을 확인하였습니다. 이와 같은 결과에 대해 크래션 교수는 이렇게 설명합니다.

> "여러분이 독서를 많이 하면, 여러분의 글쓰기 지식, 단어, 문법적 지식이 (배워진다기보다) 자연스럽게 습득됩니다. 잠재의식적으로 흡수되어 여러분의 일부분이 되는 것이지요."

크래션 교수는 영어를 외국어로 배우는 EFL 환경에서 영어 습득의 효율성과 관련해 자신이 살펴본 모든 케이스에서 예외 없이 독서를 꾸준히 한 학생들은 독서를 하지 않은 그룹의 학생들보다 문법이나 단어, 글쓰기에서 보다 높은 점수를 보여주었다고 밝혔습니다.

아이가 독서를 즐길 수 있도록 하기 위해 i+1보다는 i-1 수준의 책을, 그리고 자율독서를 권합니다.

## 03

# 읽기 지수에 관한 ABC

### The Myth of Readability

내 아이에게 맞는 읽기 수준은 무엇인지, 어떤 읽기 수준의 책을 읽어야 하는지, 자녀의 읽기 수준과 관련해 궁금해하는 부모님들이 많이 있습니다. 자녀들의 영어책 읽기와 관련해 "우리 아이는 지금 AR(Accelerated Reader) 지수 3점대를 읽고 있는데 빨리 4점대, 5점대로 올라가려면 어떻게 해야 하나요?"와 같은 질문들을 받는 경우가 많습니다.

읽기 지수를 참고하여 영어책을 자녀에게 읽히려는 부모님들에게 당부하고 싶은 사항이 있는데요, 수준별 읽기로 학습능력을 향상시키는 것과 함께 독서의 즐거움을 만끽하도록 밸런스를 잡아주라는 것입니다.

앞서 크래션 교수의 이야기와 함께 우리는 자녀의 효율적인 영어 독서를 위해서는 적절한 수준에 맞는 책을 제시하는 것이 중요하다는 점을 살펴보았는데요, 여기서는 자녀들의 읽기 수준을 객관적인 수치로 알 수 있는 방법과 관련된 내용을 살펴보겠습니다.

### 렉사일 지수란?

렉사일 지수는 미국의 교육연구기관인 MetaMetrics®사에서 개발한 독서 능력 평가 지수입니다. 렉사일 지수는 독자의 읽기 능력을 측정하는 렉사일 독자 지수(Lexile reader measures)와 책의 영어 텍스트의 난이도를 측정하는 렉사일 텍스트 지수(Lexile text measures)로 구성되어 있습니다.

15년에 걸쳐 4만여 권 이상의 책의 난이도를 연구해 등급을 매긴 책의 레벨 지수로 미국뿐만 아니라 현재 세계적으로 가장 널리 사용되는 읽기 지수로 평가되고 있습니다. 기본적으로 렉사일 지수는 문장의 길이와 단어 반복도를 기반으로 텍스트 난이도가 정해지는데 학생들의 성취도와 지문의 독해 난이도 분석의 표준으로 사용되고 있습니다. 표기 단위는 100단위로 이론적으로는 0에서 2,000까지 이르는데요, 숫자와 Lexile의 L을 결합해 예를 들어 '350L'과 같이 표시합니다. 지수가 낮을수록 초보적인 읽기 능력의 독자를 대상으로 하는 쉬운 도서를 가리키며 지수가 높을수록 숙련된 읽기 능력을 가진 독자들을 위한 전문 도서를 가리킵니다.

유아와 읽기를 시작하는 읽기 초보자를 위한 책들은 BR(Beginning Reader)로 표기되며 대체적으로 미국 초등 저학년 대상 책들이 200~500L, 초등 고학년 300~800L, 그리고 고등학생은

1,000~1,200L 정도가 됩니다. 렉사일 지수는 영어로 쓰인 지문에 대한 해석과 총체적인 이해 능력을 측정하는 도구로 미국 교사들이 인정하는 읽기 능력 기준 가운데 가장 공신력 있는 지수로 인정받으며 전 세계적으로 활용되는 지수이며 미국의 학력 평가 시험과 교과 과정에 널리 활용되고 있습니다.

## AR 지수란?

Accelerated Reader의 약자인 AR은 Renaissance®라는 회사가 다독을 권장하는 목적으로 만든 독서 학습 관리 프로그램에서 활용하는 읽기 지수입니다. 책에 포함된 어휘의 길이와 난이도, 문장 길이와 구성 등을 판단해 수치화한 것으로 학생들의 읽기 실력을 학년 수준으로 분류해 놓은 읽기 지수이며 해당 프로그램은 미국의 약 45,000여 개 학교에서 채택하여 사용하고 있습니다.

이 AR 지수는 ATOS 지수라고 표기된 것도 보실 수 있을 텐데요, ATOS 지수는 한마디로 영어권 학생일 때 몇 학년의 독해 수준을 갖추었는지를 알려주는 지수입니다. 수치는 보통 1.0에서 12.0까지 소수로 표기되는데, 예를 들어 2.5일 경우에는 해당 학년과 개월 수를 나타내 2학년 5개월에 적합한 수준의 책입니다.

ATOS 지수는 해당 학년에서의 읽기 수준을 알려주는 AR 지수와 읽기 능력 시험인 STAR(Standardized Test for the Assessment of Reading) 시험으로 측정된 읽기 수준인 RL(Reading Level) 지수, 그리고 책 내용의 수준을 보여주는 내용 수준(interest level)과 함께 세 가지 지수를 바탕으로 한 지표입니다.

많은 읽기 지수들의 종류를 보고 아마도 복잡하고 어렵다는 생각이 드는 분도 계실 텐데, 읽기 능력 지수와 관련해서는 대표적인 렉사일 지수와 AR 학년 지수를 참조하시면 됩니다. 한 가지 더 알려드리면, 렉사일 지수를 AR 학년 레벨로 환산해서 보는 표가 있습니다.

| Lexile 지수 | AR 지수 | Lexile 지수 | AR 지수 |
|---|---|---|---|
| 25 | 1.1 | 675 | 3.9 |
| 50 | 1.1 | 700 | 4.1 |
| 75 | 1.2 | 725 | 4.3 |
| 100 | 1.2 | 750 | 4.5 |
| 125 | 1.3 | 775 | 4.7 |
| 150 | 1.3 | 800 | 5.0 |
| 175 | 1.4 | 825 | 5.2 |
| 200 | 1.5 | 850 | 5.5 |
| 225 | 1.6 | 875 | 5.8 |
| 250 | 1.6 | 900 | 6.0 |
| 275 | 1.7 | 925 | 6.4 |
| 300 | 1.8 | 950 | 6.7 |
| 325 | 1.9 | 975 | 7.0 |
| 350 | 2.0 | 1000 | 7.4 |
| 375 | 2.1 | 1025 | 7.8 |
| 400 | 2.2 | 1050 | 8.2 |
| 425 | 2.3 | 1075 | 8.6 |
| 450 | 2.5 | 1100 | 9.0 |
| 475 | 2.6 | 1125 | 9.5 |
| 500 | 2.7 | 1150 | 10.0 |
| 525 | 2.9 | 1175 | 10.5 |
| 550 | 3.0 | 1200 | 11.0 |
| 575 | 3.2 | 1225 | 11.6 |
| 600 | 3.3 | 1250 | 12.2 |
| 625 | 3.5 | 1275 | 12.8 |
| 650 | 3.7 | 1300 | 13.5 |

Lexile-AR 지수 변환표(Knutson, 2002)

예를 들어 자녀가 렉사일 검사에서 450L이라는 지수를 얻었다면 이를 AR 지수로 변환하면 AR 지수 2.5로 이 학생의 리딩 능력은 초등 2학년 5개월 정도의 수준이라고 할 수 있습니다.

렉사일과 AR, ATOS 지수는 영어를 외국어로 배우는 우리나라와 같은 EFL 환경의 학생들을 위해 만들어진 것이 아니라 미국의 원어민 아이와 학생들을 위해 만들어진 것이라는 점을 기억하고 우리 아이들에게 영어책을 선정해 줄 때 이를 감안해서 적용할 것을 상기시켜 드립니다.

## 그 외의 기준들

읽기 기준과 관련된 국제적인 기준들도 있는데요, 미국의 Common Core와 유럽의 The Common European Framework of Reference for Languages(CEFR)가 대표적인 예입니다. Common Core는 미국에서 사용하는 기준이며 미국 연방정부의 지지를 받아 40여 개 주가 교육과정에 채택하고 있는 공통기준으로 유치원에서 12학년까지 영어와 수학 과목 등 각 학년에서 추구하는 교육 학습 목표를 지정한 기준들입니다. CEFR은 유럽평의회에서 채택된 언어 능력 평가 기준이며 영어를 쓰지 않는 비영어권 사람들의 영어 능력을 평가하는 척도로, 공통적이고 객관적인 평가 기준을 만들기 위해 개발되었으며 A1에서 C2까지 모두 6개 등급의 영어 능력 수준으로 구성되어 있습니다.

## 독서 지도에 읽기 지수를 어떻게 활용해야 할까요?

효율적인 영어 학습을 위해 수준에 맞는 영어책과 영상을 제시해야 하는 것은 아무리 강조해도 지나치지 않을 만큼 중요합니다. 그러나 자녀의 독서 지도와 관련해 읽기 지수를 높이는 데만 지나치게 집착하는 것은 매우 위험하다고 볼 수 있는데요, 자녀의 영어 실력을 향상시키는 것도 중요하지만 자녀들이 책 읽기를 즐길 수 있도록 이끌어 주는 것이 이에 못지않게 중요하다는 사실을 명심해야 하겠습니다.

즐거움을 위한 독서와 다독은 학구적인 읽기 활동의 목표와 달라야 합니다. 독서를 통한 영어 학습은 마라톤과도 같은데요, 즉 인내심을 갖고 기다려주어야 합니다. 우리가 기억해야 할 것은 읽기를 통한 자녀의 영어 실력 향상이 하루아침에 이루어질 수 있는 것은 아니라는 점입니다. 또한 어떤 아이들은 읽기 능력이 빠르게 향상되기도 하지만 어떤 아이들은 아주 천천히 발전하다가 어느 순간 가속화될 수도 있음을 알아야 합니다.

만약 읽기 수준을 높여야 한다는 강박관념으로 인해 자녀로 하여금 어떤 특정 읽기 수준에 맞는 책만을 읽도록 강요한다면, 이는 자칫 아이들이 독서를 즐길 수 있는 가능성을 빼앗을 수도 있습니다. 부모나 교사가 어떤 책을 읽어야 한다고 일방적으로 강요할 때 아이들은 부정적인 생각을 갖게 될 수 있기 때문이지요. 아이들에게 독서를 장려하는 것은 중요합니다. 그러나 어떤 책을 읽으라고 강요하지는 마시기 바랍니다. 책 읽기와 관련해 부모가 지나치게 간섭하는 순간 자녀들은 자연스럽게 독서로부터 멀어질 것입니다

(이 부분과 관련해서는 뒤에 나올 제2장에서 다독의 원칙과 관련하여 다시 설명하도록 하겠습니다). 자녀들이 독서의 즐거움을 알아가고 책을 읽는 습관을 들이도록 도와주는 것이 필요합니다.

자녀와 함께 이야기를 나누고 책 선정에 관한 기준을 함께 정해 보세요. 예를 들어 처음에는 아이가 한 권, 부모가 두 권을 선정한다면 자녀가 독서에 대해 더 자신감을 갖고 편해질수록 아이가 두 권, 그리고 부모가 한 권 고른다거나 하면서 자녀의 선택권을 서서히 늘려가 봅시다. 이렇게 할 때 자녀는 더 다양한 유형의 책들을 읽을 수 있습니다.

그리고 간과하기 쉬운 또 한 가지 유의해야 할 사항이 있습니다. 영어책을 읽는 독서 습관과 함께 한글로 된 책을 읽는 습관도 갖도록 독려할 필요가 있습니다. 미취학 아동의 언어 발달과 관련해 영어뿐만 아니라 모국어로도 책을 읽어주는 방식의 영향을 살펴본 연구(Huennekens & Xu, 2010)에서, 부모가 자녀에게 모국어로 책을 읽어주면 영어 사용 환경에서도 자녀의 발화 빈도가 높아지며 발화의 복잡성 또한 증가한다는 결과가 나옴으로써 모국어 독서의 중요성은 강조되고 있습니다.

자녀에게 영어책뿐만 아니라 한글로 된 책에도 관심을 갖도록 인도해 줌으로써 폭넓은 독서를 즐기는 습관을 만들어 주시기 바랍니다.

---

꼭 기억하세요. 부모가 독서 경찰관이 되는 순간, 자녀는 책 읽기에 흥미를 잃게 될 것입니다. 그리고 읽기 지수에 대한 지나친 집착은 절대 금물입니다.

---

# 04
## 선호도가 높은 책 선택하기
### 가드너의 다중지능이론

"동물을 좋아하는 아이도 있고 노래를 좋아하는 아이도 있어요.
자기가 좋아하는 것을 공부하게 되면 훨씬 즐겁게 할 수 있을 거예요."
(바바파파 학교편, p. 12)

특정 연령대(4~8세)의 아이들에게 책을 읽어주다 보면 대부분의 아이들이 특정한 내용의 책을 계속 읽고 싶어 하는 것을 알 수 있습니다. 예를 들면 어떤 아이들은 공룡을 주제로 한 책을, 어떤 아이들은 동물이나 공주에 대한 내용의 책을 선호하며 다른 내용의 책은 거부하는 것을 알 수 있지요. 우리 아이는 다양한 내용의 책을 읽지 않고 왜 한 종류만 고집하는지 답답하게 느낀 분들도 있을 겁니다. 아이들은 왜 이렇게 같은 종류의 책을 읽고 싶어 하는 것일까요?

기존에 IQ라고 불리는 지능(intelligences)은 일반적으로 언어능력과 수리-논리적 능력을 말합니다. 아마도 IQ테스트를 받아 본 사람이라면 여러 가지 그림을 순서대로 맞추거나 다양한 모양의 도형 간의 관계를 살펴보는 문제들을 기억하실 겁니다. 한 가지 흥미로운 사실은 우리 주변에 IQ가 높은 사람들이 모두 사회에서 성공하거나 똑똑한 것은 아니라는 점입니다. 어떤 사람들은 언어능력이나 수리-논리적 능력은 떨어지지만 대인관계에서 출중한 능력을 보이거나 음악적으로 뛰어난 재능을 보이기도 하는데요, 그렇다면 이러한 사람들은 지능이 높은 것일까요 아니면 낮은 것일까요?

## 다중지능이론이란?

이러한 질문에 대하여 하버드 대학교 심리학과의 하워드 가드너(Howard Gardner) 교수는 인간의 지능을 단순히 언어능력이나 수리-논리적 능력에 국한하지 말고 좀 더 포괄적으로 살펴봐야 한다는 '다중지능(multiple intelligences)' 이론을 제시하였습니다. 다중지능이론은 위의 두 지능뿐만 아니라 대인관계 지능, 시각적 지각력 등과 같이 기존에는 지능으로 여기지 않았던 능력들도 인간의 주요한 지능의 한 종류라고 제시합니다. 또한 대부분의 인간은 8가지의 다양한 지능 중 모든 지능에 능한 경우는 드물며, 보통 그중에서 몇 가지 지능에서 높은 능력치를 보인다고 합니다. 부모들과 아이들에게 친숙한 아동 동화책인 "바바파파"에 나오는 자녀들의 특성도 이러한 다중지능이론에 어느 정도 기반한 것이라고 볼 수 있습니다. 예를 들어 바바랄라의 경우에는 음악적 지능이 뛰어난 아이, 바바주의 경우에는 뒤에서 기술할 자연친화적 지능이 강한 아이의 모습으로 묘사되지요. 만약 이 이론이 제시하는 내용이 맞는다면, 우리는 아이들의 학습에서 본인의 지능에 맞는 학습 방식에 노출될 때 좀 더 효과적으로 학습할 수 있을 것이라고 예상해볼 수 있습니다. 마찬가지로 아이들이 만약 각각 다른 지능에 능하다면, 해당 지능과 관련되어 있는 내용의 책을 선호하고 또 그러한 지능에 기반한 맞춤형 학습활동을 수행할 때 더 좋은 학습효과를 얻을 것이라고 기대해 볼 수 있겠습니다. 그러면 다중지능이론에서 제시하는 8가지 종류의 지능은 무엇이며, 이 이론이 아동영어교육에 어떠한 함의를 제시할 수 있는지 이야기해 보지요.

**1) 언어지능**

언어적인(Linguistic) 능력은 말 그대로 언어를 유창하게 구사하며 언어를 쉽게 습득할 수 있는 능력을 지칭합니다. 전통적인 개념의 지능이란 이러한 언어적 능력을 포함하는데, 이 분야의 뛰어난 능력으로 다양한 언어들을 매우 짧은 기간 내에 손쉽게 배우는 사람들을 주변이나 미디어를 통해 본 적이 있을 것입니다(언어교육을 전공으로 하는 입장이나 자녀들에게 영어를 가르치고 있는 입장에서 참으로 부러운 능력이 아닐 수 없지요!). 이러한 능력을 가진 아동들의 경우에는 읽기의 첫걸음 단계인 파닉스(phonics)를 가르칠 경우 다른 아동들에 비해 좀 더 빠른 기간에 영어의 철자-소리(orthography-sounds) 시스템을 습득할 수 있습니다. 반면 이러한 능력이 뛰어나지 않은 아동들에게 이른 시기에 파닉스를 가르치려는 것은 영어의 흥미를 떨어뜨릴 수 있으니 매우 주의하는 것이 좋겠습니다.

### 2) 논리수학지능

논리수학적(Logical-mathematical) 능력은 언어능력과 함께 전통적 개념의 지능에서 중요한 요소로 여겨져 왔습니다. 해당 지능이 뛰어난 학습자의 경우에는 퍼즐 풀기 등에 능하며 사건의 인과관계 파악, 수리적 능력에서 출중한 경향을 보이는데요, 이러한 능력이 뛰어난 아동들은 다른 아이들보다 Math Reader라고 불리는 수학과 영어를 동시에 다루는 책을 더 쉽게 이해할 수 있습니다. Math Reader의 예를 살펴볼까요? Scholastic Hello Reader 등의 영어 그림책 시리즈에는 이러한 Math Reader가 포함되어 있는데 이런 책에서는 숫자, 도형, 덧셈과 뺄셈 등의 개념을 이야기를 통해 소개합니다. 예를 들면 마저리 쿠일러(Margery Cuyler)의 『100일째 걱정 100th Day Worries』에서는 제시카(Jessica)라는 걱정이 많은 여자아이가 1학년 100번째 날에 선생님이 아무거나 100개의 수집품(a collection of 100 things)을 가져오라는 숙제에 대해 걱정하는 내용을 담고 있습니다. 이 이야기를 읽으면서 아이들은 100이라는 큰 숫자에 대해 재미있게 배울 수 있게 됩니다. 조애나 로클린(Joanna Rocklin)의 『공간이 부족해 Not Enough Room!(Scholastic Hello Math Reader Level 2)』에서는 새로운 동생이 태어나 방을 나누어 써야 하는 자매들이 방의 공간을 여러 가지 방법으로 나누는 과정을 소개하는데 아동들은 이를 통해 다양한 도형의 개념에 대해 배울 수 있습니다.

『100일째 걱정 100th Day Worries』 (Cuyler, 2006).

### 3) 시각(공간)지능

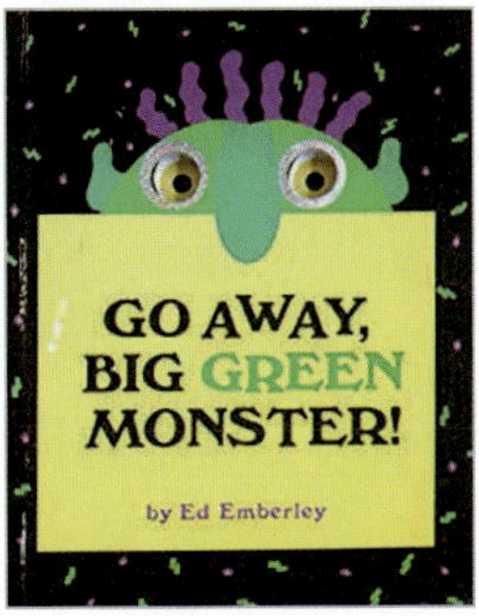

『수리수리 없어져라, 초록 괴물! Go Away, Big Green Monster!』 (Emberley, 1992).

시각적 지각력(Visual) 지능이 높은 사람들의 경우에는 시각적, 공간적인 것과 관련된 부분을 파악하는 능력이 뛰어나고 이런 경우 일반적으로 표, 차트 등을 이해하는 데 능합니다. 이 지능이 높은 아동들의 경우에는 데이비드 카터(David Carter)의 『빨간 점 하나 One Red Dot』나 에드 엠벌리(Ed Emberley)의 『수리수리 없어져라, 초록 괴물! Go Away, Big Green Monster!』와 같은 시각적으로 큰 재미를 줄 수 있는 책들의 활용을 추천합니다. 이러한 특성을 고려해 볼 때 독서 전후로 읽은 내용에 대해서 그림을 그려 보거나 만들기 등의 활동을 해볼 수 있겠습니다.

### 4) 신체운동지능

『머리에서 발가락까지 From Head to Toe』 (Carle, 1999).

신체운동(Kinesthetic) 지능이 높은 사람들은 일반적으로 운동 능력이 뛰어나고 학습을 할 때 특정 움직임(모션) 등을 활용하는 경우가 많습니다. 이러한 사람들에게는 몸을 움직이는 활동 등을 통해 학습을 시키는 것이 효과적인데, 이러한 메커니즘을 활용하는 수업 방식을 Total Physical Response(줄여서 TPR이라고 부름), 즉 전신반응교수법이라고 합니다. TPR은 제임스 애셔(James

Asher) 교수가 1970년에 제시한 것으로 외국어를 처음 배우는 학습자의 경우 출력(output)을 만들게 하는 것이 심리적으로 부담을 주기 때문에 학습자에게 특정 입력(input)을 제시하면 그것에 맞도록 몸동작을 만들도록 하는 방식입니다. 학습자에게 출력을 강요하지 않고도 수업을 진행할 수 있으며 움직임이 활발한 아동 학습자들의 특성 때문에 TPR은 사실 아동영어교육 분야에서 가장 많이 활용되는 교수법 중 하나이지요. 만약 TPR에 기반하여 수업을 진행하고자 한다면 에릭 칼(Eric Carle)의 유명한 그림책『머리에서 발가락까지 From Head to Toe』나 One Little Finger와 같은 노래를 활용할 수 있겠습니다.『머리에서 발가락까지 From Head to Toe』에서는 아이들에게 친숙한 다양한 종류의 동물들이 각각 재미있는 동작을 취하는 데(예: I am a gorilla and I thump my chest. Can you do it?), 아동들은 thump라는 단어의 뜻을 모르더라도 책에 나온 고릴라가 가슴을 쿵쿵거리는 장면을 보고 따라 하면서 자연스럽게 해당 단어의 뜻을 이해하게 됩니다.

### 5) 음악지능

우리 주변에는 어릴 때부터 음악적 재능을 보이는 아이들이 있습니다. 이런 아이들은 박자, 리듬, 음의 높낮이에 대해 탁월한 감각을 가지고 있는데 이런 아이들을 음악적(Musical) 능력이 뛰어나다고 하지요. 일반적으로 영어라는 언어는 한국어보다 음악적인 색깔이 강하다고 말하는데, 이는 영어를 말하고 이해하는 데 있어 단어 내의 강세(stress)와 문장 내의 억양(intonation) 등이 중요한 역할을 하는데 기인합니다. 아동들에게 영어로 된 노래를 많이 들려주는 것이 영어학습에 좋다는 이유도 사실 노래를 통해 영어의 강세 및 억양에 대해 반복적으로 노출을 시킬 수 있기 때문입니다. 사실 음악적 능력의 뛰어남과 상관없이 아동 학습자들은 노래 따라 부르기를 좋아하는데 아이들에게 평소에 영어 노래를 듣는 습관을 들이게 하면 어느새 영어의 리듬과 발음 등에도 익숙해지는 것을 볼 수 있습니다. SteveSongs의 『모양 노래 The Shape Song』이나 유튜브 Badanamu 채널의 Badanamu POP에 포함된 노래들은 어른들이 들어도 즐거우니 아이들과 함께 들어보시길 권합니다.

### 6) 자연친화지능

동식물과 자연 등에 높은 감수성을 보이는 사람들을 자연친화적(Naturalistic)이라고 부르는데, 이러한 사람들은 일반적으로 자연에서 발생하는 현상에 관심이 많으며 해당 현상들을 분석할 때 탁월한 능력을 보이는 경향이 있습니다. 사실 많은 아동들은 자연친화적인 성향을 가지고 있는데, 이러한 아이들의 성향에 기반한 것인지 많은 영어 그림책들은 동물을 주인공으로 하거나 자연에 대한 소재를 다루는 경우가 많습니다. 이러한 성향이 두드러지는 동화책으로는 트레이시 코드로이와 소피 올솝(Tracey Corderoy and Sophie Allsopp)의 『눈 속의 꽃 A Flower in the Snow』가 있는데, 이 책에서는 곰이 자기의 친구인 인간 소녀를 기쁘게 해주기 위해 꽃을 찾

『생쥐와 딸기와 배고픈 큰 곰 The Little Mouse, the Red Ripe Strawberry, and the Big Hungry Bear』 (Wood, 2007).

아 여정을 떠나는 이야기를 다루고 있습니다. 그 외에도 부부 작가인 오드리 우드(Audrey Wood)와 던 우드(Don Wood)의 『생쥐와 딸기와 배고픈 큰 곰 The Little Mouse, the Red Ripe Strawberry, and the Big Hungry Bear』와 같은 책도 이러한 성향을 가진 아동들이 좋아할만한 책이라고 볼 수 있겠습니다.

### 7) 인간친화와 자기성찰지능

인간친화(Interpersonal) 지능이 높은 사람들의 경우에는 타인과 교류하는 것을 즐기며 타인의 감정이나 행동을 파악하는 데 뛰어난 능력을 가지고 있습니다. 이런 성향의 학습자들은 타인과 잘 어울리는 경향이 있기 때문에 그룹 활동 등을 활용하면 좀 더 좋은 학습결과를 얻을 수 있을 것입니다. 반면 자기성찰(Intrapersonal) 지능이 높은 사람들의 경우에는 본인의 감정, 능력 등을 잘 이해하며 혼자 작업하는 것이 그룹으로 작업하는 것만큼 효율적이라고 믿기 때문에 스스로 학습하는 것에 대해 어느 정도 선호하는 경향이 있습니다. 이러한 학습자들은 본인의 학습 스케줄을 스스로 작성하게 하고 자기가 읽은 책에 대해 어떻게 생각하는지 스스로 생각해 보는 시간을 주는 것이 중요하겠습니다. 만약 내 자녀가 이러한 성향이 강하다면 부모의 생각을 강요하는 것보다 아이의 말에 귀 기울여주고 아이의 생각을 이끌어 내는데 좀 더 주력하시기를 권합니다.

결국 다중지능이론의 시사점은 아이들마다 다른 종류의 지능에 뛰어난 모습을 보이기 때문에 부모가 그에 맞추어 적절한 내용의 입력(input) 및 학습활동을 제시할 필요가 있다는 것입니다. 부모가 제시하는 영어 도서나 영상물을 아이가 싫어할 때는 계속 강요하기보다 아이가 어떠한 성향을 가지고 있는지 관찰해 보시기 바랍니다.

Every child is different.
모든 아이는 성향도 잘하는 것도 저마다 다릅니다.
이 사실을 꼭 기억해 주세요.

## 05

# 아동문학상 수상작의 매력

### 뉴베리, 칼데콧, 카네기, 케이트 그린어웨이

제가 LA시립도서관에서 아동전문사서(children's librarian)로 재직할 때의 일입니다. 목요일마다 2세에서 5세 대상의 스토리 타임(story time)을 진행하였는 데, 목요일이면 항상 스토리 타임에 오던 다이안이라는 여자아이가 있었습니다. 당시 네 살이던 다이안을 목요일이면 할머니가 데려오시곤 했는데 도서실에 들어서 저를 보면 달려와 제 품에 안기곤 했습니다. 그렇게 1년여가 지난 후 하루는 다이안의 어머니가 다이안을 데리고 와서 제게 인사했습니다. 초등학교 교사라고 자신을 소개한 어머니는 다이안이 나의 스토리 타임을 몹시 좋아했는데 다른 주로 이사를 가게 되어 작별 인사를 하러 왔다며 고마움을 전했습니다.

다이안이 아침에 눈을 뜨면 매일 "오늘이 목요일이에요?"라고 묻는다고 했는데요, 제 스토리 타임을 기다리며, "엄마, 오늘 목요일이에요?"라고 묻는다는 말에 감사함으로 가슴이 따뜻해졌던 기억이 지금도 선명합니다. 벌써 20년 전의 이야기지만 반짝이는 파란 눈으로 제 이야기를 듣던 다이안의 모습이 지금도 눈에 선합니다. 이제는 어엿한 숙녀가 되어 있을 터이지만 여전히 문학을 사랑하는 숙녀로 성장했을 것이라 믿습니다.

저는 미국에서 다양한 배경의 많은 어린이들에게 스토리텔링을 해 줄 기회가 있었습니다. 그런데 유난히 아이들의 웃음이 많이 터지는, 아이들이 아주 좋아하는 이야기들이 있었습니다. 그중에는 세계 각국의 흥미로운 전래동화들도 여럿 있는데 전래동화는 다른 나라의 문화를 소개해 준다는 장점도 있어서 아이들에게 추천하기에 좋은 이야기라고 할 수 있습니다. 오랜 기간 전 세계적으로 사랑 받아온 명작동화들도 자녀들이 읽기에 좋은 이야기인데요, 이러한 이유로 EBS 영어 학습 사이트인 '초목달'에서 저는 창작동화와 함께 전래동화, 명작동화들을 소개했습니다.

스토리 기반의 영어 학습법이 영어를 외국어로 배우는 EFL 환경에서 효과적이라는 사실은 많은 응용언어학자들이 입증한 바 있습니다. 스토리를 활용해 영어를 배울 때 다양한 문화를 소개할 수 있고 원어민이 실생활에서 사용하는 언어표현을 학습하도록 도와줍니다. 또한 스토리 기반 학습법은 영어를 즐겁게 학습할 수 있도록 하며 추리력과 사고력 증진에도 도움을 줍니다.

## 어떤 이야기가 좋은 이야기인가?

영어로 된 이야기는 수없이 많이 존재하지요. 그중에는 보물 같은 작품이 있는 반면, 전혀 도움이 되지 않는 이야기도 많은 것이 사실입니다. 어떻게 좋은 이야기를 선정할 수 있을까요? 이에 대한 해답으로 아동문학상 수상 작품을 활용하는 것도 한 가지 좋은 방법이 될 수 있습니다.

미국과 영국에는 유서 깊은 양대 아동문학상이 있습니다. 미국의 뉴베리상과 칼데콧상, 영국의 카네기 메달상과 케이트 그린어웨이 메달이 대표적인 예인데요, 이들 수상 작품들은 그 작품의 우수성을 기본적으로 보장한다고 볼 수 있습니다. 이 밖에도 미국에서 읽기를 시작하는 어린 아동들 대상 작품에 수여하는 가이젤상과 국제아동청소년도서협의회가 수여하는 안데르센상 등 유수한 아동문학상들이 있지만 여기서는 미국과 영국의 대표적인 아동문학상들을 중심으로 그 특성을 알아보겠습니다.

## 미국의 아동 문학상

### 뉴베리 메달

가장 대표적인 상은 최고 권위의 아동문학상으로 꼽히는 뉴베리 메달입니다. 뉴베리상(Newbery Awards)은 최초로 어린이를 위해 책을 출판했던 영국의 출판인 존 뉴베리(John Newbery)의 이름을 따서 만들었는데요, 아동 문학의 소중함을 널리 알리고자 했던

Publisher's Weekly 매거진의 편집장인 프레더릭 머처(Frederic G. Mercher)가 아동 문학을 시나 희곡, 소설 등과 같이 평가받도록 하자는 취지로 미국도서관협회(ALA)에 요청해 1922년 처음 제정되었습니다. 그 전의 한 해 동안 발표된 아동 문학 중 문학성이 가장 뛰어난 작품을 선정하여 매해 1월 미도서관협회의 겨울 콘퍼런스에서는 아동문학상의 꽃이라 불리는 뉴베리 메달과 칼데콧 메달을 비롯한 각종 아동문학상 수상작들을 발표합니다. 최고의 우수 작품에는 메달을, 그리고 마지막까지 경합을 벌인 서너 개의 작품에는 Newbery Honor, 즉 우수상을 부여하는데요, 뉴베리 수상작은 챕터북에 부여하는 상으로 초등학교 고학년에게 추천할만 합니다.

1922년에 시작된 이후 거의 100년 동안 최우수상과 평균 2~5개 작품이 우수상으로 선정되었으니 그동안 400여 작품이 선정된 셈입니다. 뉴베리 수상작은 작품성이 뛰어날뿐만 아니라 우정과 같은 일반적인 주제 외에도 아동 작품에서 다루기 힘든 죽음, 왕따 등 다양한 주제를 다루고 있는데요, 몇 작품을 예로 살펴보겠습니다.

1993년 뉴베리 메달 수상작인 신시아 라일런트(Cynthia Rylant)의 『그리운 메이 아줌마 Missing May』는 사랑하는 가족을 잃은 슬픔과 아픔을 이겨내는 과정을 12살 소녀 서머의 관점에서 그려낸 성장소설입니다. 주인공 서머는 고아로 떠돌다 메이 아줌마와 오브 아저씨의 양녀로 입양되어 메이 아줌마의 극진한 보살핌과 사랑 속에서 비로소 가정의 아늑함을 맛보게 됩니다. 그러나 그토

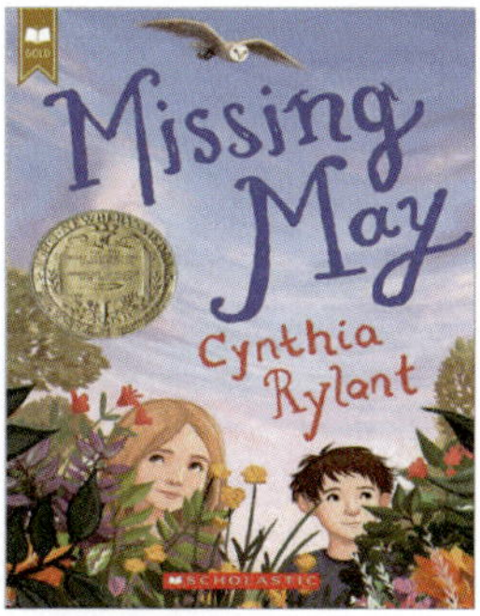

『그리운 메이 아줌마 Missing May』 (Rylant, 1992).

록 사랑하던 메이 아줌마가 돌아가시고, 서머는 아줌마의 죽음을 슬퍼할 겨를도 없이 불안하고 초조한 나날을 보내게 됩니다. 이는 오브 아저씨가 극도의 슬픔에 빠져 정상적인 생활을 할 수 없었기 때문입니다.

이 작품은 사랑하는 사람을 잃은 슬픔을 극복하는 과정을 탄탄한 구성과 따뜻하고 섬세한 필치로 그려낸 아름다운 이야기입니다. 삶에 대해, 그리고 참사랑에 대해 생각해 보게 하는 여운과 감동을 주는 훌륭한 작품이지요.

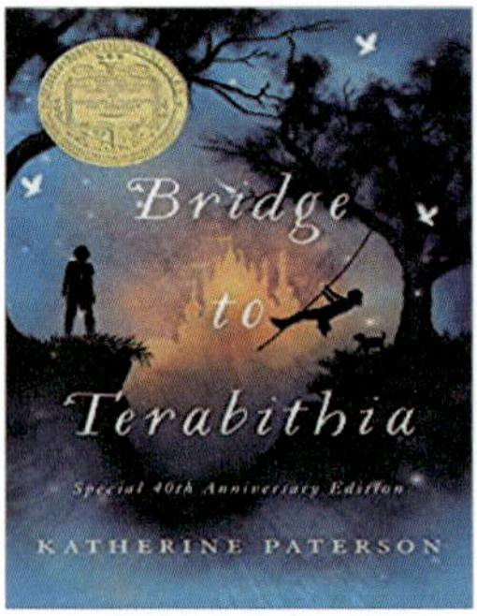

『비밀의 숲 테라비시아 Bridge to Terabithia』 (Paterson, 1977).

1978년 뉴베리 메달 수상작인 캐서린 패터슨(Katherine Paterson)의 『비밀의 숲 테라비시아 Bridge to Terabithia』는 짝꿍 친구의 죽음을 다룬 이야기입니다. 평생 한 번도 받기 어려운 뉴베리 메달을 2회나 수상한 영광의 주인공인 캐서린 패터슨은 자신의 아들의 친구가 번개에 맞아 사망하는 사고를 겪자 친구의 죽음을 슬퍼하는 아들을 위로하기 위해 이 이야기를 썼다고 합니다. 실화를 바탕으로 영감을 얻어 자신의 아들을 위해 이 책을 썼으며 미국, 캐나다, 영국 등 여러 나라의 교과서에도 실린 명작입니다.

이 책의 주인공은 미국의 버지니아주 라크 크리크(Lark Creek)라는 조그만 시골 마을에 사는 12살 소년 제시입니다. 제시는 그림 그리기를 좋아하는 평범하고 소극적인 아이인데, 학교에서 가장 빠른 달리기 선수가 되는 꿈을 갖고 아침마다 달리기 연습을 했습니다. 그러던 어느 날 도시에 살던 레슬리가 제시의 학교로 전학

오게 됩니다. 제시와는 전혀 다른 성격의 레슬리는 제시를 달리기로 이겨버리며 방학 동안 열심히 연습한 제시의 기대감을 무참히 깨 버리지만 둘은 결국 서로 친해지게 됩니다. 제시와 레슬리는 둘만의 시간을 보내게 되는데, 어느 날 숲속을 달리다 사과나무 가지에 묶인 밧줄을 발견합니다. 레슬리는 이 밧줄이 마법의 숲으로 안내해 줄 거라며 밧줄을 잡고 강을 건넙니다. 제시와 레슬리는 그 숲의 이름을 테라비시아라고 짓고 서로 비밀로 간직하기로 하며 그곳에서 왕과 왕비 놀이를 하며 둘만의 소중한 추억을 쌓습니다. 그러다 불의의 사고로 레슬리가 사망하게 됩니다. 또 다른 자신이라고 느낄 만큼 좋아했던 레슬리가 불의의 사고로 사망하자 제시는 엄청난 상실감과 분노로 휘청거리게 됩니다. 하지만 이 또한 자신이 이겨 내야 할 인생의 한 과정임을 깨닫고 테라비시아에서 다시 자신을 다잡습니다. 비록 레슬리는 떠났지만, 제시는 레슬리가 자신을 이끌었던 것처럼 여동생 메이 벨을 테라비시아의 새 여왕으로 초대하며 새로운 희망을 품습니다. 영화로도 만들어져 널리 알려진 이 작품은 혹시 경험하게 될 친구의 죽음에 대해 생각하게 하는 귀한 작품이며, 출간된 지 30년이 넘었지만 지금까지도 많은 사랑을 받고 있습니다.

뉴베리상을 받은 수상작 중에는 주인공이 역경을 이겨내는 이야기를 많이 다루고 있기에 성장기 자녀들의 인성과 감성을 개발하는 데 도움을 얻을 수 있습니다.

그런데 자녀들에게 아동문학상 수상작을 권할 때 한 가지 유의해야 할 사항이 있습니다. 수상작에 따라 읽기 수준이 매우 차이가 나기 때문에 자녀의 읽기 수준에 맞는 책을 추천하는 것이 필요하다는

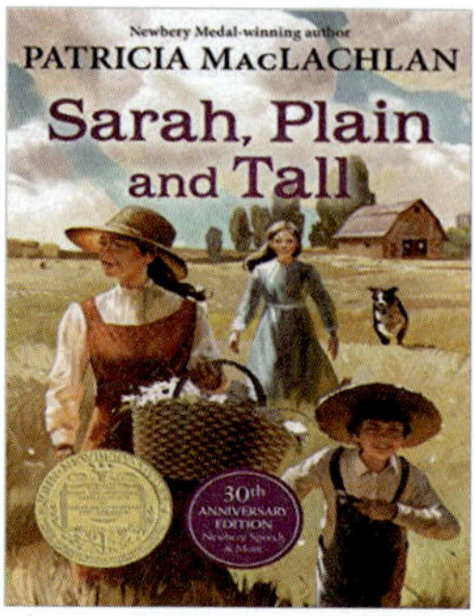


『사라, 플레인 앤드 톨 Sarah, Plain and Tall』 (MacLachlan, 1985).

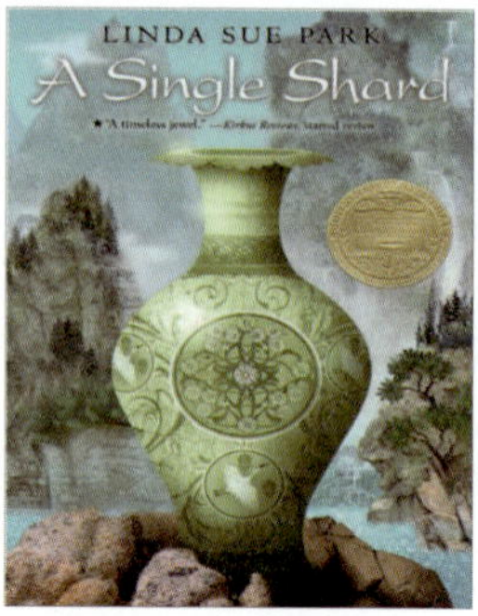


『사금파리 한 조각 A Single Shard』 (Park, 2001).

점입니다.

예를 들어 1986년 수상작인 패트리샤 매클라클런(Patricia MacLachlan)의 『사라, 플레인 앤드 톨 Sarah, Plain and Tall』은 렉사일 지수가 660L이지만 한국계 미국인인 린다 수 박(Linda Sue Park)의 2002년 수상작인 『사금파리 한 조각 A Single Shard』는 렉사일 지수가 920L입니다. 이와 같이 읽기 수준이 연도별로 큰 차이를 보이기 때문에 자녀에게 뉴베리 수상작을 추천할 때는 이 점을 염두에 두시기 바랍니다.

### 칼데콧 메달

뉴베리 메달과 함께 미국의 양대 아동문학상으로 불리는 칼데콧 메달은 영국의 그림책 작가인 랜돌프 칼데콧(Randolph Caldecott)의 이름을 따서 1938년부터 그 해 가장 뛰어난 그림책을 선정해 수여하고 있습니다. 자녀들에게 그림책의 중요성은 아무리 강조해도 지나치지 않는데요, 챕터북인 뉴베리 수상작이 초등학교 고학년에게 추천할만한 책이라면 그림책인 칼데콧 수상작은 초등학교 저학년에게 추천해 주기에 적절하다고 볼 수 있습니다. 칼데콧 수상작은 모두 삽화가 뛰어남은 물론이지만 내용 또한 삽화와 잘 어우러지며 문학성이 높은 작품들로 구성되어 있습니다. 칼데콧 수상작 중 몇 작품을 소개합니다.

1964년 칼데콧 메달 수상작인 모리스 센닥(Maurice Sendak)의 『괴물들이 사는 나라 Where the Wild Things Are』는 지금도 전 세계 많은 어린이들에게 널리 사랑받는 고전인데요, 엄마에게 혼난 맥스가 자신의 방에서 상상의 세계에서 벌이는 재미있는 이야기입니다. 상상의 세계 속에서 맥스의 방은 숲이 되기도 하고 바다가 되기도 하며, 맥스는 괴물 나라의 왕이 되어 실컷 재미있게 놀다가 결국 자신의 방으로 돌아온다는 내용을 담고 있습니다.

『괴물들이 사는 나라 Where the Wild Things Are』(Sendak, 2012).

2000년 수상작 심스 태백(Simms Taback)의 『요셉의 작고 낡은 오버코트 Joseph Had a Little Overcoat』는 "요셉은 외투가 있었어요. 오래되고 낡은 외투였어요."라는 문장으로 시작하면서 요셉이라는 인물이 외투를 재킷으로 만들고, 재킷을 조끼로, 조끼를 스카프로, 스카프를 넥타이로, 또 손수건과 단추로 만드는 내용을 담고 있습니다.

『요셉의 작고 낡은 오버코트 Joseph Had a Little Overcoat』(Taback, 1999).

이 작품에서는 밝고 화려한 색상의 옷이 등장하며 아이들에게 영어로 옷의 종류를 소개할 수 있는 재미있는 내용을 담고 있습니다.

『날마다 말썽 하나 My Friend Rabbit』 (Rohmann, 2007).

2003년 수상작인 에릭 로만(Eric Rohmann)의 『날마다 말썽 하나 My Friend Rabbit』은 글자가 거의 없는 그림책입니다. "내 친구 토끼는 말썽꾸러기예요."라고 소개한 후 가지고 놀던 비행기가 나뭇가지에 걸리자 토끼가 코뿔소, 하마, 코끼리, 곰, 악어, 거위 등 동물 친구들의 도움을 받아 비행기를 내리려고 하면서 한바탕 동물 쇼가 코믹하게 펼쳐집니다.

**마이클 프린츠상**

아동문학상과 함께 청소년 문학 중 문학성이 가장 뛰어난 작품에는 마이클 프린츠상(Michael Printz Award)이 주어지는데요, 청소년 문학(Young Adult Literature) 분야는 아동 문학(Children's Literature)과 비교할 때 그 역사가 매우 짧다고 볼 수 있습니다. 뉴베리상이 1922년에, 그리고 칼데콧 메달이 1938년에 제정된 데 비해 마이클 프린츠상은 2000년에 첫 수상작이 발표되었습니다.

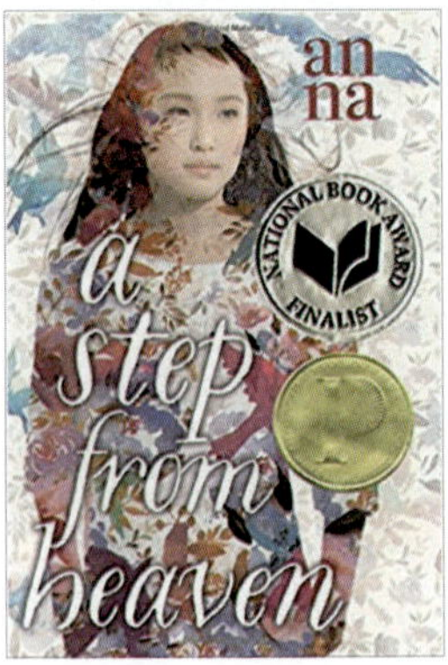


『천국에서 한 걸음 A Step From Heaven』 (An Na, 2016).

2002년에는 한국계 작가인 안 나(An Na)의 『천국에서 한 걸음 A Step From Heaven』이 마이클 프린츠 최우수상을 수상하였습니다. 안 나는 한국에서 태어나 샌디에이고에서 성장한 한인 작가인데 『천국에서 한 걸음』이 그녀의 데뷔작이었습니다. 첫 작품으로 최고 권위의 마이클 프린츠 메달을 따내는 쾌거를 이루었지요. 주인공 영주는 4세 때 미국을 천국(heaven)으로 믿고 부모를 따라 미국에 옵니다. 영주는 성장하면서 갈등과 고통을 겪게 되고 작가는 이 과정을 소녀의 눈으로 잔잔히 풀어내었습니다. 문학으로 학위를 받은 작가답게 작가는 마치 소네트를 연상시키는 듯한 절제된 문체로 이야기를 차분하고 간결하게 전달합니다. 우리에게 친숙한 apa, umma, halmoni 등 아빠, 엄마, 할머니가 우리말 소리 대로 작품 속에 나타나 한국어를 아는 한인 독자들에게는 또 다른 감흥을 일으킨 작품이기도 합니다.

## 영국의 아동문학상

### 카네기 메달

카네기 메달은 영국의 도서관과 정보 전문가들의 단체인 공인 문헌정보전문가협회(Chartered Institute of Library and Information Professionals; CILIP)가 매해 가장 우수한 어린이나 청소년을 위한 책에 수여하는 문학상으로 영국에서 가장 오래되고 권위 있는 아동도서상입니다.

이 메달은 영어권 나라에 2,800개 이상의 도서관을 설립한 스코틀랜드 태생의 미국 자선가 앤드루 카네기(1835~1919)의 이름을 따서 그의 탄생 100주년을 기념하기 위해 1936년 영국도서관협회에 의해 설립되었습니다. 카네기 메달 수상작은 초급 수준의 학습자가 읽기에는 쉽지 않은 작품들이 대부분입니다.

『애플과 레인 Apple and Rain』 (Crossan, 2014).

2015년 수상작 사라 크로산(Sarah Crossan)의 『애플과 레인 Apple and Rain』은 어렸을 때 배우가 되겠다며 집을 나선 엄마와 떨어져 할머니의 손에서 자란 애플의 이야기입니다. 항상 엄마를 그리워하던 애플에게 11년 만인 어느 날 엄마가 애플을 찾아오고 애플은 엄마와 살기로 합니다. 그런데 있는 줄도 몰랐던 이복동생 레인을 돌보는 일이 많아집니다. 처음에는 손이 많이 가는 동생인 레인이 성가셨지만 함께 보내는 시간이 늘어날수록 애플과 레인은 가까워집니다.

### 케이트 그린어웨이 메달

그 해 가장 뛰어난 그림책에 수여하는 케이트 그린어웨이 메달은 1955년 영국도서관협회에 의해 제정되었는데, 2002년부터는 확대 개편된 문헌정보전문가협회(CILIP)가 카네기 메달과 함께 주관하고 있습니다.

『토마토는 절대로 안 먹을 거야 I will Never NOT EVER Eat a Tomato』 (Child, 2000).

로런 차일드(Lauren Child)의 찰리와 롤라 이야기 시리즈 중 하나인 2000년 수상작 『토마토는 절대로 안 먹을 거야 I Will Never NOT EVER Eat a Tomato』는 야채 먹기를 싫어하는 편식쟁이 여동생 롤라에게 음식을 먹이려고 "당근은 목성에서 온 주황색 과자"라고 말하는 꾀돌이 오빠 찰리의 이야기입니다. 아이들에게 건강한 식습관도 알려줄 수 있는 이야기입니다.

캐나다 작가이자 아동 도서 삽화가인 존 클라센(Jon Klassen)은 그가 쓴 2014년 수상작 『이건 내 모자가 아니야 This Is Not My Hat』를 인정받아 미국의 칼데콧상과 영국의 케이트 그린어웨이상을 동시에 수상하였는데요, 클라센은 두 상을 모두 수상한 최초의 인물이 되었습니다.

『이건 내 모자가 아니야 This Is Not My Hat』 (Klassen, 2012).

한국에도 잘 알려진 작가인 앤서니 브라운(Anthony Browne)은 『고릴라 Gorilla』와 『동물원 Zoo』로 각각 1983년과 1992년 영국의 칼데콧상이라고 여겨지는 케이트 그린어웨이상을 받았습니다. 앤서니 브라운에 대해서는 Part 2의 제2장 작가별 추천 도서에서 좀 더 자세하게 소개하도록 하겠습니다.

『고릴라 Gorilla』 (Browne, 2014).

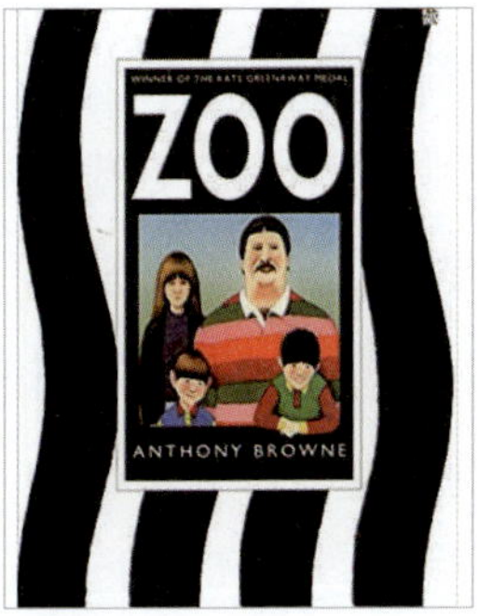


『동물원 Zoo』 (Browne, 1999).

## 06

# 인지발달에 따른 도서 선택하기

### 피아제의 이론

“아이들의 인지발달은 어떻게 이루어질까?”라는 질문에 지금까지 가장 큰 영향력을 가지고 있는 이론 중 하나는 스위스 학자인 장 피아제(Jean Piaget)의 인지발달이론일 것입니다. 아동 교육을 할 때 대부분의 사람들은 ‘아동의 현재 인지적 발달 수준에 맞추어 해야 된다’라는 생각을 막연히 가지고 있을 텐데요, 이러한 생각의 기본적인 틀을 제공하는 것이 바로 피아제의 인지발달이론입니다. 피아제의 이론은 영어교육 분야와 직접적인 관련이 있는 것은 아니지만, 아동 영어교육의 대상인 아동의 발달 특성(특히 인지적 측면)과 밀접한 관련이 있다는 점에서 볼 때 해당 이론에 대해 알아두는 것이 필요하겠습니다. 이를 위해 피아제의 인지발달이론과 관련된 주요 개념, 그리고 그의 이론이 아동 영어교육과 도서 선택에 제시하는 시사점에 대해 이야기해 보겠습니다.

## 동화와 조절

피아제 이론은 아동이 주변의 환경 혹은 자신의 생각 등을 스스로 탐구하면서 지식을 얻어가는 학습의 주체라는 아이디어를 기본으로 하고 있습니다. 예를 들어 자동차를 타고 가다 트럭을 처음 본 아동은 처음에는 트럭도 자동차와 같이 사람이 그 안에 탈 수 있고 앞으로 이동할 수 있다는 점에서 트럭과 자동차가 똑같은 물체라고 인식할 수 있습니다.

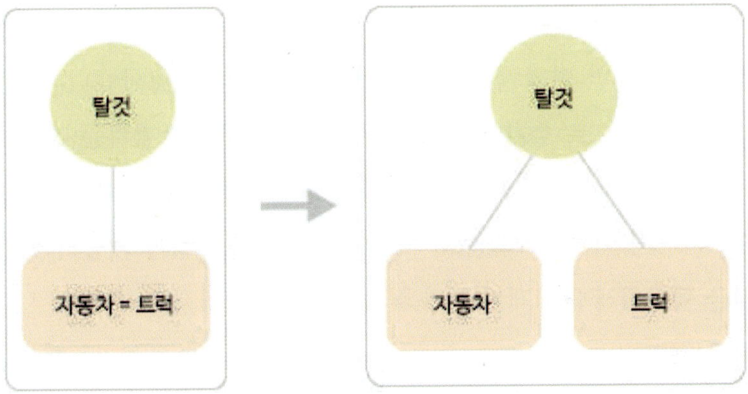


지식의 재구조화 예시

이때 아동은 트럭이라는 새로운 물체(혹은 그것을 보게 된 경험)를 기존에 자신이 가지고 있는 지식(자동차=탈것+앞으로 이동)에 대입하여 자동차와 트럭이 같은 종류의 물체라는 것을 이해하는 과정을 거치는데, 이러한 과정을 동화(assimilation)라고 부릅니다. 즉 동화란 아동이 환경의 어떤 자극을 받아들일 때 기존의 지식 및 경험과 조화시키는 현상이라고 볼 수 있습니다. 그러나 시간이 지나 이 아동이 트럭에는 냉장고와 같은 커다란 물건을 실을 수 있으나 자동차에는 그렇게 하지 못한다는 것을 깨닫게 된다고 가정해 보겠습니다. 이렇게 새로운 환경의 자극과 본인이 기존에 가지고 있는 지식 간의 차이가 있다는 것을 깨닫는 과정을 조절(accommodation)이라고 하는데, 이 과정 중에 아동은 다른 어른에게 "왜 저 차에는 냉장고가 올라갈 수 있어?"라고 질문하거나 더 많은 경험을 통해 자동차와 트럭은 비슷한 점도 많지만 다른 점도 있다는 사실을 학습하게 될 것입니다. 이 과정 중에 아동의 인지에는 지식의 재구조화(restructuring)가 일어날 수 있습니다.

따라서 피아제는 지식의 습득과 주체는 아동이며 이러한 아동의 탐구가 없다면 인지발달이 이루어지지 않는다고 보았습니다. 우리는 일반적으로 호기심이 많은 아이가 똑똑하다고 말하는 경향이 있는데(헛간에서 달걀을 품은 호기심왕 천재 발명가 에디슨이 떠오르지요), 피아제 이론(탐구를 통한 지식의 습득)이 호기심과 재능의 관련성을 뒷받침해주는 게 아닐까 싶습니다.

## 아동의 발달단계

위와 같은 지식구조의 발달은 하루에도 몇 번씩 생애에 걸쳐 주기적으로 일어나는데, 피아제는 아동이 사춘기까지 이러한 발달의 질적인 변화가 일어나는 시기가 있다고 주장했습니다.

첫 번째 단계는 감각 운동기(sensory motor stage)로 보통 0~2세의 시기를 말합니다. 이 단계에서 아동은 자신과 환경을 구분하기 어려워하는 성향을 보이며, 용어 그대로 감각과 운동을 통해 주변 환경을 탐색합니다. 아직 단어 수준 이상의 언어를 구사하지 못하기 때문에 오직 신체적 활동 등을 통해서 의사를 표현할 수 있습니다. 언어습득 분야에서는 일반적으로 이 시기의 아동들은 모국어의 음소 인식 능력(Phonemic awareness: 해당 언어의 주요 음가들을 식별하는 능력)을 키운다고 이야기합니다.

두 번째 단계는 전조작기(preoperational stage)로 2~6세에 해당됩니다. 이 시기의 아동들은 제한적으로 언어를 사용하기 시작하며 상상(imagination)할 수 있는 능력을 가지기 시작합니다. 이 시기에 아동은 타인의 생각이나 감정이 본인과 같을 거라고 매우 자기중심적(egocentric) 사고를 하기 때문에 부모는 몹시 힘든 시간을 보내기도 하지요. 언어적으로는 모국어의 문장구조에 대한 지식을 서서히 완성하기 시작하며 빠른 속도로 어휘 습득이 일어나는 시기이기도 합니다.

6~12세는 구체적 조작기(concrete operational stage)라고 부르는 세 번째 단계로, 이 시기부터는 조금씩 논리적이며 구조화된 사고를 발달시키기 시작합니다.

마지막으로 형식적 조작기(formal operational stage)에는 과학적 사고를 할 수 있게 되며 가설적 상황을 설정할 수 있는 능력을 가지게 됩니다. 피아제는 모든 아동이 이러한 4개의 발달단계를 거치게 된다고 보았으며 각 단계를 건너뛰는 것이 어렵다고 보았습니다.

## 피아제 이론의 메시지

지금까지 피아제 이론에 대해 살펴보았는데요, 이제 이 이론이 아동 영어교육과 영어 도서 선택에 주는 함의에 대해 이야기해 보겠습니다. 피아제 이론의 주된 아이디어는 아동이 능동적(active) 학습자라는 것입니다. 이 말은 곧 교육의 주체가 교사가 아닌 아동이며 이에 대한 교육 역시 아동 중심으로 이루어져야 한다는 것입니다. 이를 고려해 보면 아동 영어교육 또한 기관 등에서 주로 사용하는 교사 중심 방식보다는 아동이 스스로 탐구하는 방식으로 가야 된다는 것을 알 수 있습니다. 앞서 이야기한 것처럼, 아동이 읽고 싶은 책을 스스로 선택하는 방향으로 가야 한다는 점도 이와 일맥상통한다고 볼 수 있습니다.

그렇다면 아동이 부모나 교사의 도움 없이 영어를 습득할 수 있을까요? 이에 대한 대답은 당연히 '아니다'입니다. 다만 1부터 100까지 가르치는 방식의 교육보다는 자극의 제공을 통해 아동의 영어학습을 유도해야 된다는 것입니다. 거창하게 들릴 수도 있지만 사실 자극의 제공은 서점에 가서 그림이 흥미로운 영어책을 소개하고 읽어주기, 부모가 직접 영어를 사용하는 모습을 보여주기, 길을 가다 영어로 된 간판을 손가락으로 가리키기 등 일상생활에서 누구든지 할 수 있는 것입니다. 만약 아이가 어떤 영어 서적에 관심이 있다면 한국어 번역본을 읽어준 후에 원서를 소개해 주는 식의 방법도 좋겠습니다. 중요한 것은 아동이 한번에 관심을 가지지 않더라도 자연스러운 방식으로 계속 영어라는 언어에 노출시키고, 그 과정 중에 영어라는 언어를 탐색하고 가지고 놀 수 있도록 하는 환경을 조성해 주어야 한다는 것입니다. 또한 어른에게는 당연한 지식도 아동들의 경우에는 동화와 조절이라는 복잡한 과정을 거쳐 습득하고 또 지식을 계속해서 재구조화하기 때문에 책에서 나온 특정 개념을 설명해 줄 때에도 아동이 이러한 과정을 거친다는 것을 염두에 두시면 좋겠습니다.

마지막으로 아동의 현재 인지발달단계를 잘 살펴보시고 해당 단계에 맞는 내용의 책을 선정해 주시고, 부록을 통해 이 책에서 소개하는 다양한 영어책들을 아이의 인지발달과 영어 수준을 기반으로 분류하여 제시하였으니 참고하시기 바랍니다.

모든 아이들은 매일 세상을 탐구하는 능동적 학습자입니다. 적절한 자극의 제공을 통해 탐구를 도와주세요!

# 제 2 장
# 영어책, 어떻게 읽어야 할까?

## 01
# 부모나 선생님의 읽기 지도
### 비고츠키의 사회문화이론, 근접발달영역, 그리고 비계

아주 극소수의 아이들을 제외하고 아이들이 자발적으로 영어책을 읽고자 하는 경우는 없을 것입니다. 대부분의 아이들은 처음에는 책을 일종의 장난감으로 인식하는데, 이러한 이유 때문에 몇몇 아이들은 책을 물어뜯고 빨기도 하지요. 결국 아이들이 영어책 읽는 습관을 기르는 데는 그만큼 부모의 역할이 중요하다고 볼 수 있습니다. 여기서는 이러한 과정에서 부모의 역할이 무엇이고 특히 독서 지도 시 부모님들이 어떠한 점들을 염두에 두어야 하는지 이야기해 보도록 하겠습니다.

## 아동발달이론의 권위자 비고츠키는 누구인가?

러시아 출신의 심리학자 비고츠키(Vygotsky: 1896~1934)는 앞서 소개한 스위스 출신의 피아제와 함께 근현대 교육학 분야에서 아동발달 관련 최고 권위자로 알려져 있습니다. 그러나 20세기 미국과 러시아(구 소련) 간의 냉전 관계로 그의 저서와 연구물이 서양 세계에 소개된 것은 그의 사후였는데요, 최근 교육 분야에서 많이 강조되고 있는 "아동의 잠재능력", "능동적 학습자"와 같은 용어들은 그의 사회문화이론의 파생물이거나 주요 내용과 맥락을 같이 하는 것들이라고 볼 수 있습니다. 비고츠키가 제시한 수많은 (당시) 혁명적인 교육 아이디어의 하나는 아동의 발달 및 학습은 타인과의 상호작용을 통해 주로 이루어진다는 점이었습니다. 비고츠키는 아동의 발달 및 학습이 두 단계로 진행된다고 보았는데요, 첫 번째는 타인과의 상호작용을 통한 사회적 단계(Social level), 그리고 두 번째는 이러한 내용을 개인적으로 내재화하는 개인적 단계(Individual level)입니다. 결국 비고츠키는 타인과의 상호작용 없이는 개인의 발달 및 학습이 이루어지기 어렵다고 본 것입니다. 비고츠키가 말하는 타인이란 아동의 현 수준보다 높은 수준에 도달해 있는 친구나 형제자매, 선생님, 그리고 부모를 의미하는데 특히 연령이 낮은 아동의 경우 부모의 역할이 매우 중요한 것임을 쉽게 유추할 수 있습니다.

## 근접발달영역이란?

비고츠키의 사회문화이론 중에서 아마 대중적으로 가장 잘 알려진 개념은 '근접발달영역(Zone of Proximal Development)'일 것입니다. 이 개념을 통해 비고츠키는 아동의 능력치를 '현재 타인의 도움 없이 (특정 과제를) 수행할 수 있는 단계(현재발달수준)'와 '타인의 도움을 통해 (특정 과제를) 수행할 수 있는 단계(잠재발달수준)'로 구분하여 보았고, 이 두 단계 간의 차이를 근접발달영역이라고 지칭하였습니다. 간단한 예를 통해서 근접발달영역의 개념을 이해해 보도록 하겠습니다.

3세 아이가 자석블록형의 장난감을 가지고 있다고 가정해 봅시다. 아이는 부모의 도움 없이 하나의 막대기형 블록의 양 끝에 두 개의 구형 블록을 붙여서 아령 형태의 장난감을 만들 수 있습니다. 이 아이는 혼자서 여러 개의 구형과 막대기형 블록을 활용해서 오리 형태의 장난감은 만들 수 없는 상태입니다. 그러나 부모가 "저 동그란 머리에 기다란 막대기를 붙여서 몸을 만들어 볼까?" 등의 언어적인 도움을 준다면 시간이 다소 걸리지만 오리를 만들 수 있다고 가정해 보겠습니다. 이때 오리는 '타인의 도움을 통해 수행할 수 있는 단계', 아령은 '현재 타인의 도움 없이 수행할 수 있는 단계'라고 볼 수 있고, 이 단계 간의 차이가 바로 '근접발달영역'인 것입니다. 물론 이 아이의 경우 집이나 로봇과 같은 복잡한 모양의 장난감은 부모의 도움이 어느 정도 있다고 하더라도 만들 수 없을 텐데, 그 이유는 집이나 로봇은 아이의 근접발달영역을 벗어나는 단계이기 때문입니다. 그렇다면 근접발달영역이 아동의 영어교육과 영어책 읽기에 제시하는 바는 무엇일까요?

우선 모든 아동은 다른 정도의 근접발달영역을 가지고 있다는 점을 이해할 필요가 있습니다. A와 B라는 아이가 있다고 하고 이 둘은 현재 똑같은 렉사일 지수(예: 200L)의 영어 도서를 스스로 읽을 수 있다고 가정해 보겠습니다(렉사일 지수 관련해서는 PART 1 제 1장 03 읽기 지수에 관한 ABC 참조). 이 둘은 현재 같은 수준의 영어 실력을 가지고 있더라도 이들이 부모 혹은 선생님의 도움을 통해 읽을 수 있는 (좀 더 어려운) 영어 도서의 수준은 다를 수 있습니다.

예를 들어 A 아동의 경우는 부모가 조금씩 도와줄 경우 220L의 도서를 읽을 수 있으나 B 아동은 240L의 도서를 읽을 수 있습니다. 이렇게 차이가 나는 이유는 바로 A와 B의 근접발달영역에 차이가 나기 때문입니다. 이때 A의 부모는 왜 똑같은 실력을 가진 B보다 A가 더 높은 수치의 도서를 읽지 못하는지 답답한 마음을 가질 수 있는데, 이것은 아이들마다 다른 수준의 근접발달영역을 가지고 있다는 점을 알지 못하기 때문입니다. 그러나 근접발달영역이라는 것은 고정되어 있는 것이 아니라 아동이 발달 및 성장해 가면서 계속 변할 수 있다는 점을 이해해야 합니다. 또한 타인이 누구인가(아빠, 엄마, 선생님, 형제자매, 친구 등), 현재 어떤 학습활동을 하고 있는가에 따라서도 쉽게 변할 수 있습니다. 따라서 이러한 점을 염두에 두고 현재 우리 아이가 도달할 수 있는 수준 내에서 영어 지도를 하고 학습을 유도하는 것이 중요하겠습니다.

## 비계의 중요성

사회문화이론을 통해 우리는 아동의 발달과 학습이 타인과의 상호작용을 통해 이루어진다는 점을 살펴보았습니다. 그러면 부모로서 아동에게 영어를 지도할 때 어떠한 방식으로 잠재발달수준까지 도달하도록 할 수 있을지에 대해 이야기해 보겠습니다. 사회문화이론에 기반하여 미국의 심리학자 제롬 브루너(Jerome Bruner)는 언어를 아동의 인지발달에 가장 중요한 요소로 보았고 아동이 특정 과제를 수행할 때 부모나 교사가 제시할 수 있는 언어적인 도움을 비계(Scaffolding)라고 하였습니다. 다소 생소하게 들릴 수도 있는 용어인 비계란 건축 시 공사장에서 인부들이 사용하는 임시 계단인데, 브루너는 비계를 부모나 교사가 제시하는 도움이라는 의미로 사용하였습니다. 이러한 비계는 아동에게 다양한 종류의 도움을 줄 수 있는데, 아동과 영어책을 읽는 상황을 예로 하여 어떠

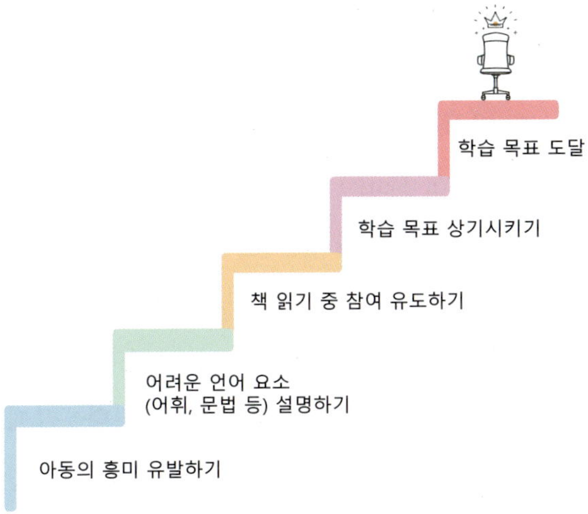


비계의 다양한 역할

한 방식으로 비계가 활용될 수 있는지 살펴보겠습니다.

우선 함께 읽고 있는 도서에 대해 아동이 흥미를 잃지 않도록 동기부여를 할 수 있습니다. 아이와 책을 읽다 보면 중간에 흥미를 잃고 책을 읽기 싫어하는 경우가 있지요. 그때 "우리 이 페이지까지만 마저 읽어볼까?", "다음 장에서 (주인공)한테 어떤 일이 생기는지 궁금하지 않아?" 등의 말이 아이의 흥미를 불러일으키는 비계로 사용될 수 있습니다. 비계는 또한 아동이 어려운 단어나 표현 등으로 인해 좌절할 때 격려해 주거나 언어적인 도움을 주는 방식으로 활용될 수 있습니다. 예를 들어 언어적인 도움이란 아이가 특정 단어를 읽기 힘들어 할 때 그 단어를 음절별로 끊어서 읽도록 한다든지 혹은 새로운 단어의 의미를 이해하지 못할 때 단어의 의미를 한국말로 설명해 주는 등의 방식을 의미합니다. 어떤 도서의 경우에는 이러한 비계를 텍스트 내에 삽입하여 직접 제시하는 경우도 있습니다.

예를 들어 I Can Read Level 1 시리즈의 Fancy Nancy(주: 프랑스에 대해 로망을 가지고 있는 여자아이가 주인공으로 나오는 이야기)를 읽어보면 가끔씩 해당 텍스트에 어려운 어휘가 등장하는데 〈Nancy Makes Her Mark〉에서 나오는 문장인 "It makes them memorable!"의 memorable이라는 단어는 Level 1 수준의 그림책에서 나오기에는 수준이 높은 단어라고 볼 수 있습니다. 하지만 다음 문장에서 바로 "That's fancy for famous forever."라는 문장을 통해 memorable의 뜻을 쉽게 풀어서 제시합니다. 실제로 Fancy Nancy는 어려운 어휘를 제시한 후 "That's fancy for ________."라는 식의 어휘 부연 설명을 제시하는 방식을 일종의 레퍼토리로 활용하는 것을 알 수 있는데, 이는 부모나 교사의 언어적 도움이 텍스트 내에 직접 구현된 것이라고 볼 수 있겠습니다.

비계는 또한 특정 학습활동 시 아동에게 학습활동의 목표가 무엇인지 상기시키는 역할도 할 수 있는데요, 모든 학습활동은 뚜렷한 언어적, 내용적 목표가 있어야 하고 부모나 교사는 이 점에 대해서 끊임없이 생각하며 아동을 지도해야 하겠습니다. 간단한 예로 에릭 칼의 『배고픈 애벌레 The Very Hungry Caterpillar』를 아빠와 아이가 함께 읽고 아빠가 아이에게 애벌레가 월요일부터 먹은 음식 관련 영어어휘를 복습하는 독후활동을 진행한다고 가정해 보겠습니다. 아빠가 아이에게 "애벌레가 월요일에는 무엇을 먹었지? Caterpillar ate through …?"와 같은 식으로 질문을 하면 아이는 "one apple" 혹은 "He ate through one apple."과 같이 답변을 하는 방식입니다. 그러나 활동을 진행하면서 아이는 산만해지며 "아빠, 근데 애벌레는 왜 이렇게 많이 먹는 거야?"와 같은 질문을 할 수 있습니다. 그때 간단히 답변해 주면서 "우리 애벌레가 뭐 먹었는지 이야기하고 있었지? 이제 화요일에 뭐 먹었는지를 한번 이야기해 볼까?"하고 아이에게 현재 하고 있는 학습활동의 목표가 무엇인지 상기시키는 것이 일종의 비계라고 볼 수 있겠습니다.

이 외에도 비계는 다양한 역할을 수행할 수 있는데 아동의 학습에 도움을 주고 좀 더 높은 잠재발달수준에 도달할 수 있게 하는 언어적 도움은 모두 비계라고 볼 수 있습니다. 물론 언어적 도움뿐만이 아니라 손이나 표정 등을 활용한 힌트 등도 비계 역할을 할 수 있고 우리는 이러한 점들을 염두에 두고 아동에게 영어를 지도할 필요가 있습니다.

## 02
# 미국 국립독서위원회 추천 영어 독서 지도법
NRP(National Reading Panel)

“아이들이 혼자서 책을 읽도록 내버려 두어야 할까요? 함께 책을 읽어주는 것이 좋을까요?”라는 질문을 많은 부모로부터 받습니다. 이와 관련해 미국 국립독서위원회(NRP: National Reading Panel)가 독서의 유창성은 무엇을 의미하는지, 또 효과적인 읽기 지도법은 어떠해야 하는지에 대해 명확히 제시하고 있어 NRP가 추천하는 영어 독서 지도법을 소개하도록 하겠습니다.

### 미국 국립독서위원회란?

미국 국립독서위원회는 1997년 미국 의회가 독서에 관련한 여러 가지 교육 지침을 내놓기 위해 국립 아동 건강과 인간 개발 연구소

소장, 교육부 장관에게 독서 지도에 관한 패널을 구성하도록 요청하여 구성된 단체입니다. 다양한 배경과 관점을 지닌 14명의 패널 위원을 선발하고 읽기 교육에 대한 다양한 교수법의 효율성을 검토하였는데, 이들 패널들은 독서에 대한 연구 기반 지식과 읽기에 적용되는 여러 교수법의 효력에 관해 2년에 걸친 연구 끝에 "어린이 독서 교육(Teaching Children to Read)"과 관련된 보고서와 영상을 발표하였습니다(Report of the National Reading Panel, 2000).

독서교육지침과 관련한 교수법에 대해 학자별로 다양한 논쟁이 있어 왔는데 이 NRP의 보고서와 영상으로 미국에서는 국가가 공인하는 독서교육지침이 마련되면서 기존에 팽배했던 논쟁이 어느 정도 정리가 된 상태입니다. 어린이 독서 교육(Teaching Children to Read)이라는 제목의 이 보고서는 449 페이지에 달하는 6개 챕터에서 알파벳부터 유창성, 독해, 컴퓨터 기술과 읽기 지도까지 전반적인 읽기 지도에 대해 폭넓게 다루고 있습니다.

이 보고서에 따르면 독서는 음소인지, 파닉스, 유창성, 어휘력과 독해력의 다섯 요소로 정의할 수 있습니다. 이 중 독서의 유창성은 독해력을 위해 매우 중요한 능력이라고 설명하는데요, 어린이들이 큰 소리로 빠르고 정확하게 그리고 풍부한 표현력을 가지고 읽으면 느리고 정확하지 않으며 적절한 표현력 없이 읽을 때보다 내용을 이해하는 독해력도 상승하고 습득하는 어휘와 내용을 기억할 가능성도 높다고 설명합니다.

## 미국 국립독서위원회가 추천하는 영어 독서 지도법

우선 가장 중요한 것은 많이 읽도록 해야 한다는 것입니다. 구체적으로 읽을 때는 큰 소리로, 옆에서 도와주는 이와 함께(필요시 비계와 함께), 그리고 같은 텍스트를 여러 번 반복해서 읽으라고 권합니다. 유창성을 개발하기 위해서는 독서도 연습을 해야 한다고 하는데요, 처음에는 옆에서 리드해 주면서 묵독이 아니라 큰 소리로 그리고 반복적으로 읽기 연습을 하도록 도울 것을 권합니다. 이때 '지도를 받으며 반복해서 소리 내어 읽기(guided repeated oral reading)'가 활용될 수 있는데, guided oral reading이란 교사나 부모가 큰 소리로 읽으며 유창한 읽기를 모델로 보여주고 그런 다음 학생들이 여러 번 다시 읽게 하는 읽기 방법입니다. 학생들이 유창함을 포함한 다양한 읽기 기술을 향상시키는 데 도움이 되는 교육 전략으로 알려져 있습니다.

국립독서위원회는 실험을 통하여 '지도를 받으며 반복해서 소리 내어 읽기'의 효과를 검증하였습니다. 한 그룹의 학생들은 '지도를 받으며 반복해서 소리 내어 읽기'를 하도록, 즉 교사가 도와주면서 반복하여 소리 내어 읽도록 했고, 또 다른 그룹의 학생들은 소리 내지 않고 읽기(independent silent reading)를 하도록 했습니다. 이 두 가지 접근 방식을 연구한 결과 선생님이 지도해 주면서 소리 내어 반복적으로 읽는 학습을 한 학생들은 나이를 불문하고 단어 인지력과 유창성, 독해력에서 상당히 긍정적인 효과를 보였습니다. 반면에 묵독만으로는 그 어떤 향상도 가져오지 못했다고 결론을 내렸습니다. 또한 소리 내어 읽음으로써 해당 단어를 적절한 리듬을 타며 읽고, 적절한 구 단위별로 끊어 읽을 수 있는 능력을 키우는 것이 유창성의 중요한 요소임도 밝혔습니다.

또 학생들이 읽기를 연습하고 점점 읽기가 유창해지면 '단어 인지력'은 자동성을 갖게 되고 소리 내어 읽는 실력이 향상되면 독해 실력도 따라서 향상된다는 결과도 제시되었습니다. 이는 소리 내어 유창하게 읽는 실력이 낮은 경우에는 인지력을 독해에 사용하기보다는 단어 분석에 많은 시간을 할애하기 때문에 단어 인지가 자동성을 띠지 못하게 되며, 그 결과 독해력 또한 낮을 수밖에 없기 때문입니다. 더불어 유창하게 책을 읽지 못하고 멈칫거리며 읽을 때는 작가의 의도에 집중하는 것이 방해 받게 된다고 합니다. 여기서 기억해야 할 사항은 독해력을 높이기 위해서는 단어 읽기에 그칠 것이 아니라 문장이나 문단, 나아가 전체 이야기에 주목하며 읽어야 한다는 점입니다. 연구 결과에 따르면 유창한 읽기 능력과 독해 능력 사이의 상관관계는 무려 85%로 매우 높은 것으로 확인되었습니다.

물론 리딩 교육의 궁극적인 목표는 독해를 묵독으로도 충분히 해낼 수 있도록 하는 것이겠지만 이처럼 큰 소리로 읽는 것을 통해 먼저 유창성을 높여야 된다는 점을 다시 한번 강조할 필요가 있겠습니다.

영어책을 읽을 때 기억해야 할 것!
1) 큰 소리로!
2) 옆에서 도와주는 이와 함께!
3) 같은 텍스트를 여러 번 반복해서 읽기!

# 03
# 많이 읽기
## 다독(Extensive Reading)의 원칙

아마도 영어교육 분야에서 다독의 중요성을 부정하는 사람은 없을 것입니다. 이 섹션에서는 다독이 무엇인지, 그리고 다독을 시행할 때 알아야 할 원칙에 대해 이야기해 보겠습니다.

### 다독의 정의와 EFL 상황에서 다독을 시행하기 어려운 이유

영국 학자 해럴드 파머(Harold Palmer)가 제시한 다독의 정의는 '언어의 형태보다 의미에 초점을 두며 많은 양의 책을 읽어나가는 것'입니다. 다독은 우리나라와 같이 사회적 상황에서 타인과 영어로 대화를 하며 구어적 입력(Oral input)을 얻기 어려운 EFL 상황에서 영어 입력을 얻을 수 있는 좋은 방법이자 동시에 영미권 문화에 대한 지식도 간접적으로 체득할 수 있다는 측면에서 매우 바람직한 영어학습 방법이라고 볼 수 있습니다. 또한 다독을 통한 읽기 경험은 아동 본인에게 흥미가 있는 책을 읽게 할 때 독서의 '즐거움'을 느끼게 할 수 있다는 점에서 향후 영어학습의 동기부여 측면에서도 그 중요성을 간과할 수 없습니다.

그러나 우리나라 영어교육 상황, 특히 중고등학교 수준에서는 이러한 다독을 시행하기가 매우 어려운 실정인데, 이에 대한 이유는 다음과 같습니다. 우선 짧은 지문을 정확하게 읽어내는 데 초점이 맞추어진 문항 위주로 구성된 학교 영어시험, 그리고 대학수학능력시험의 특성으로 인하여 학생들을 대상으로 한 수업에서는 다독보다는 정독(intensive reading)이 강조되고 있습니다. 또한 많은 수의 학습자들에게 제한된 시간 내에 특정 내용을 가르쳐야 하는 우리나라 영어 교실 상황 역시 다독보다는 정독을 추구하게 만드는 요소일 것입니다. 더불어 상대적으로 가시적인 효과를 볼 수 없는 다독의 경우 빠른 시간 내에 결과물을 추구하는 우리나라 사람들의 성향과는 잘 맞지 않는 것으로 보입니다.

그러나 우리의 개인적인 영어학습 경험을 비추어 보면 이러한 정독을 통해 읽기의 즐거움을 느낀 적이 거의 없다는 것에 공감할 것입니다. 특히 학습자 입장에서 볼 때 정독은 '문제풀이' 말고는 뚜렷한 목적을 찾기 어려운 지루한 읽기 방식인데, 중고등학교 때 학생들이 영어에 흥미를 잃기 시작하는 이유 중의 하나도 읽기 수업에서 정독이 중심이 되기 때문인 것으로 보입니다. 아마 우리나라에서 중고등학교 과정을 거친 분이라면 대부분 이 점에 공감하실 것 같습니다.

그러나 한 줄씩 읽어가며 정확하게 분석 및 해석을 하는 정독이라는 읽기 방식을 통해 우리는 영어 읽기 정확성을 향상시킬 수 있고 또 영어 지문에 대한 이해도를 높일 수 있습니다. 따라서 정독이라는 방식을 거부하기보다는 정독과 다독을 적절한 비율로 섞어서 아이들에게 영어교육을 하는 것이 더 현실적이고 바람직한 방법이라고 볼 수 있습니다. 특히 정독 위주의 읽기 방식에 초점이 맞추어지는 중학교 시기 이전에 다독에 대한 습관을 길러주어 우리 아이가 다독의 효과를 체험할 수 있게 하는 것이 매우 중요하다고 보이는데요, 그러면 우리 아이와 다독을 잘 해나가기 위해서 알아야 될 원칙들은 무엇이 있을까요?

## 다독의 원칙

영어교육 분야에서 다독에 관해 활발한 연구를 진행해 온 학자인 리처드 데이(Richard Day)와 줄리언 뱀퍼드(Julian Bamford) 교수의 다독 원칙에 대해 살펴보도록 하겠습니다. 물론 아래의 원칙들은 권장 사항이고 절대적인 것은 아니기 때문에 아이의 성향 및 발달 정도에 따라 유연하게 고려해야 되겠습니다.

### 1) 읽기 자료는 난이도가 낮을 것

The reading material is easy.

다독을 위해서는 쉬운 책을 선정해야 합니다. 앞에서 이야기한 크래선의 이해 가능한 입력 가설의 측면에서 본다면 i-1 혹은 i-2 정도 수준의 책을 살펴보는 것입니다(i+1 수준의 서적으로는 다독을 제대로 시행하기가 어렵습니다). 아이와 함께 도서관 등에 가서 책을 고르게 한 후에 처음부터 끝까지 어려운 단어가 10개 이상 나온다면 그 책은 다독의 목적으로는 선정하지 않는 것이 좋습니다.

### 2) 여러 주제를 다룬 다양한 읽기 자료가 구비될 것

A variety of reading material on a wide range of topics must be available.

두 번째 원칙은 다독을 운영하는 프로그램이나 수업을 대상으로 한 것이지만, 다독을 개인적으로 시행하고자 하는 부모도 인지해야 될 원칙입니다. 다독이란 기본적으로 많은 양의 도서를 읽는 것이기 때문에 읽기 자료의 종류나 수가 많아야 합니다. 개인적으로 영어책을 여러 권 구매하기 어려운 분들은 주변의 영어도서관을 활용하거나 인터넷에서 다양한 읽기 자료를 찾아볼 수 있겠습니다(온라인상의 읽기 자료에 관련해서는 PART 3 제 2 장 웹사이트 활용하기의 01 온라인 읽기 자료 관련 사이트 참조).

### 3) 학습자가 읽고 싶은 책을 고르도록 할 것

Learners choose what they want to read.

이 원칙은 다독이 학습자에게 즐거움과 흥미를 제공하려면 학습자가 직접 읽고 싶은 자료를 선정해야 된다는 것입니다. PART 1에서 여러 번 언급한 내용이기도 합니다. 이 원칙은 학습자의 다독 관련 동기 유지를 위해서 중요한 원칙이기는 하나 적절한 책을 선정할 수 없는 아주 어린 연령의 아동들에게는 부모가 초반에 아이의 성향을 살펴보고 도서를 선정해 주는 것이 필요하겠습니다(PART 1 제 1 장의 04 선호도가 높은 책 선택하기 - 가드너의 다중지능이론 참조).

#### 4) 최대한 많이 읽기

Learners read as much as possible.

다독(多讀)은 글자 그대로 많이 읽는 것입니다. 아동이 최대한 많은 책을 읽도록 환경을 조성해 주는 것이 중요한데, 특히 부모도 독서를 일상화, 습관화하는 것이 좋습니다. 내가 책을 한 권도 읽지 않으면서 내 아이에게 책 좀 많이 읽으라고 한다면 별로 설득력이 없겠지요.

#### 5) 다독의 목적은 즐거움, 정보 얻기, 내용의 전반적 이해에 있음

The purpose of reading is usually related to pleasure, information, and general understanding.

위에서 이야기한 바와 같이 다독의 목적은 즐거움과 본인에게 유용한 정보를 얻는 데 있습니다. 즉, 수능 대비 영어문제집을 통해 아무리 많은 지문을 읽더라도 이러한 방식을 다독의 형태라고 볼 수는 없다는 것입니다. 또한 다독의 목적은 어려운 단어의 뜻을 파악하거나 문장을 한국어로 정확하게 번역하는 것이 아니라 전체적인 내용의 이해에 있다는 점을 기억해야 합니다. 즉 아이와 정독이 아닌 다독을 실행하고 있다면 독후활동으로 어려운 어휘 뜻 체크나 세세한 내용의 이해 확인보다는 아이가 해당 책에 대해서 어떻게 생각하는지 등에 대해 이야기를 나누어 보시기 바랍니다.

### 6) 독서 그 자체가 보상

Reading is its own rewards.

독서를 통해 즐거움을 느꼈던 사람들은 계속해서 책을 찾게 됩니다. 이러한 사람들에게 독서는 그 행위 자체로 즐거움을 주는 것이기 때문에 별다른 보상이 필요하지 않습니다. 마찬가지로 영어책에 흥미를 얻게 된 아이들은 부모가 따로 칭찬이나 물질적 보상을 해주지 않더라도 본인이 알아서 책을 찾게 됩니다. 사실 이 원칙은 다독 시행 초반에 가장 중요한데 이 시기에 영어 텍스트를 읽는 것이 즐거운 행위라는 것을 부모가 보여주는 것만큼 효과적인 방법은 없을 것입니다.

### 7) 독서 속도는 빠르게

Reading speed is usually faster rather than slower.

반복해서 이야기하지만 다독은 많은 양의 읽기를 하는 것이고, 많은 양을 읽기 위해서는 빠르게 읽어야 합니다. 가끔 우리는 자녀가 '완벽주의' 성향을 보이며 영어 한 단어마다 집착하며 천천히 읽는 것을 볼 수 있는데요, 그러한 읽기 방식이 나쁜 것은 아니지만 다독을 할 때는 자녀가 몇 단어를 잘 못 읽고 그 뜻을 이해하지 못하더라도 능력 한도에서 가능한 한 빨리 읽도록 유도하는 것이 필요하겠습니다.

### 8) 독서란 개인적이고 조용한 활동

Reading is individual and silent.

우리가 일반적으로 즐거움을 얻는 독서활동을 생각할 때 머리에 떠오르는 이미지는 어떤 것일까요? 아마 교실 내에서 입으로 소리 내어 다른 사람 앞에서 해석하는 장면보다는 소파나 침대 등의 편안한 장소에서 편안한 자세로 혼자 읽는 모습을 떠올릴 것입니다. 이처럼 다독은 개인적이고 조용한 활동을 말합니다. 아이가 독서할 때 옆에서 자꾸 간섭하고 말을 걸기보다는 혼자서 독서를 즐길 수 있도록 도와주시기 바랍니다.

**9) 교사는 독서의 방향성을 이끌어주며 학생을 지도하기**
Teachers orient and guide their students.

**10) 교사는 독자로서의 롤모델**
The teacher is a role model of a reader.

9, 10번은 관련된 내용이므로 함께 이야기해 보도록 하겠습니다. 다독에서 교사 및 부모의 역할은 학습자에게 어떤 내용을 가르쳐주기보다는 독서 자료를 소개 및 제공해 주고 독서를 즐길 수 있는 환경을 만들어 주는 것이라고 볼 수 있습니다. 이러한 점에서 우리의 역할은 지식 전달자(knowledge transmitter)라기보다는 독서활동 조력자(facilitator)라고 보는 것이 더 맞을 것입니다. 거창하게 생각하지 말고 부모로서 영어 독서가 즐거운 것이라는 점을 롤모델로서 보여주고 함께 영어 도서관이나 서점에서 책을 고르며 읽은 책에 대한 이야기를 나누어 보시기 바랍니다.

다독을 위해 우리가 준비할 것!
1) 많은 책을 제공하기 (도서관 사용도 OK)
2) 편안하게 읽을 수 있는 환경 만들어주기
3) 부모가 책을 즐기는 모습 보여주기
4) 쉽고 재미있는 책을 읽도록 유도할 것

# 04
## 읽기 지도와 관련한 잘못된 인식
### The Myth of Reading Instruction

앞서 읽기 수준과 관련해 살펴보면서 부모가 독서 경찰관, 혹은 교사가 되어 지나치게 간섭하려고 하는 순간 아이들은 자연스럽게 책 읽기로부터 멀어질 것이라고 강조하였습니다.

이와 더불어 자녀들이 독서의 기쁨을 누리고 독해 능력이 뛰어난 고급 독자(advanced reader)로 자라나도록 돕기 위해서 부모로서 해서는 안 되는 금기 사항들이 있습니다. 앞서 다독의 원칙을 살펴본데 이어 이번에는 부모들이 잘못 인식하고 있는 주의 사항, 자칫하면 아이들이 영어를 싫어하고 영어 공부를 포기하도록 만들 수도 있는, 해서는 안 되는 사항들을 몇 가지 알아보겠습니다.

### 무조건 단어를 외우게 한다.

많은 언어학자와 언어교육학자들이 자녀의 읽기 지도와 관련해 다양한 연구 결과와 의견을 밝힌 바 있습니다. 이해 가능한 입력 가설을 제시한 크래션 교수는 문법만을 공부하고 단어 목록들을 암기할 때는 언어습득의 효과를 기대할 수 없다고 지적합니다. 즉, 학습자가 읽고 싶어서 읽는 자율독서의 효용성을 강조하는 것입니다.

앞 장에서 설명된 하와이 대학의 언어교육학자 리처드 데이 역시 학생들이 하룻밤에 제2외국어로 책을 읽는 독자가 될 수는 없다고 말하며 아이들의 독해 능력을 길러 주기 위해서는 어휘들을 이해할 수 있는 시간을 충분히 제공해야 한다고 강조하였습니다.

여러분 중에서 자녀에게 외워야 할 단어 목록을 적어서 주고 "오늘 50개 단어 외워! 여기 적힌 단어 무조건 외워!"라고 하면서 어휘를 암기하도록 강요하고 있는 분이 계시다면 즉시 멈추라고 이야기하고 싶습니다. 단어만 따로 암기하기보다는 어휘를 자연스럽게 문맥 속에서 이해하고 알아갈 때 그 단어를 습득하고 활용할 수 있기 때문입니다. 이러한 방식의 어휘습득을 제2언어 습득 분야에서는 우연적 어휘습득이라고 하는데요, 다독이 바로 우연적 어휘습득에 가장 효과적인 방식입니다.

## 모르는 단어는 하나하나 뜻을 찾아가며 읽도록 한다.

간혹 아이들이 영어책을 읽을 때 모든 단어의 뜻을 알아야 한다는 강박관념에 사로잡힌 부모님들이 있습니다. 아이들이 영어책을 읽을 때 한 단어라도 모르는 단어가 있어서는 안 된다고 주장하며 모르는 단어가 나올 때마다 사전을 찾아가며 영어 단어 뜻을 적고 암기하도록 강요하곤 합니다. 그러나 이렇게 책을 읽는 흐름을 깨고 단어 뜻 배우기를 강요한다면 아이들은 이야기 자체에 대한 관심을 잃기 쉽습니다. 이런 방식은 자녀에게 독서의 즐거움을 누릴 수 없도록 하고 독서의 기쁨을 빼앗는 결과를 초래할 수 있음을 기억해야 합니다(Bailey, 2014).

책에 나오는 모든 단어를 암기하게 하고 챕터가 끝나고 나서나 혹은 책 읽기를 마치고 나서 단어를 암기했는지 시험을 본다면 이것 또한 아이들이 언어를 이해하고 발달하는 능력을 개발하는 것을 방해할 수 있습니다. 명심해야 할 것은 아이들은 단어를 문맥상에서 이해할 때 그 단어를 기억할 수 있는 능력이 향상된다는 점입니다. 단순히 단어 목록을 적어 놓고 암기하도록 한다면 그 단어들을 뜻과 함께 장기기억하기란 어려울 것입니다.

그렇다면 아이들의 단어 학습에 도움을 줄 수 있는 활동들에는 어떤 것들이 있을까요?

특히 연령이 어린 아이들의 경우에는 책을 읽기 전에 이야기와 관련된 어휘들을 그림과 함께 소개하면 새로운 단어의 기억을 돕는 효과가 있습니다.

다시 한번 강조하고 싶은 것은 나이와 상관없이 모든 아이들은 어휘를 이야기 속 문맥과 함께 기억해야 한다는 점입니다. 이와 같이 맥락 속에서 단어를 접할 때 기억력에 영향을 주게 되고 그 어휘를 장기간 기억하는 데 도움이 됩니다. 아이들에게 단어를 소개할 때 이해를 돕는 어떠한 추가적 이미지나 정보, 맥락 없이 단어 목록으로만 제시한다면 아이들은 그 단어를 쉽게 잊고 오랜 기간 기억하지 못할 것입니다.

아이들은 본능적으로 호기심이 많다는 사실을 기억하세요. 그리고 아이들은 자기 주변의 단어를 배우고 학습하기를 좋아한다는 점도요. 이와 같은 측면은 유아뿐만 아니라 10대 청소년들에게도 마찬가지로 적용될 수 있는데요, 10대 청소년들도 대개는 자기 주변의 책이나 음악 등을 이해하기 위해 필요한 어휘를 습득하게 되며 후에 성인이 되어서도 개인적 혹은 업무적 측면에서 필요로 하는 어휘를 습득하게 됩니다.

## 책을 읽은 후에는 책 내용을 이해했는지 시험을 본다.

책을 읽고 나서 단어뿐만 아니라 아이들이 내용을 이해했는지 점검하기 위해 독해 이해도를 측정하는 독해력 시험(comprehension test)을 반드시 봐야 한다고 생각하는 부모들도 많이 있습니다. 이때 다시 한번 상기시키고 싶은 것은 즐겁게 책을 읽는 다독의 장점을 경험하도록 하고 책 읽기 습관을 들여주고 싶다면 책을 읽고 매

번 독해 시험을 보도록 해서는 안 된다는 점입니다(Strauss, 2011). 책을 읽고 매번 독해 시험을 봐야 한다면 아이들은 책을 읽는 즐거움을 느낄 수 없습니다. 시험이 독서를 즐겁고 재미있는 활동으로 인식하는 것을 방해하기 때문이죠. 독서를 하고 나서 독해 테스트 혹은 어휘 테스트를 계속 본다면 아이들은 독서를 하고 싶지 않은 '단지 해야 할 의무'로만 여기게 될 것입니다.

앞서 소개한 데이와 뱀퍼드 교수의 다독을 가르치기 위한 10가지 원칙(Top Ten Principles for Teaching Extensive Reading)에서도 아이들의 읽기 습관을 길러줄 다독을 위해서는 학생들이 독서를 즐길 수 있도록 해야 함을 강조하고 있습니다.

## 책은 무조건 구입해서 소장해서 읽도록 해야 한다.

어린아이들일수록 읽던 책을 계속 읽는 경향이 있다며 책은 반드시 구입해서 소장해서 읽혀야 한다고 주장하는 사람들이 있습니다.

도서관은 아이들이 독서를 즐기는 법을 배울 수 있도록 도와주는 매우 훌륭한 장소입니다. 도서관에서는 다양한 장르의 책을 접할 수 있고, 또한 아이들은 본인이 읽고 싶은 책을 스스로 선택할 수 있어 책을 고르는 즐거움을 맛볼 수 있습니다. 그리고 일반적으로 스스로 선택한 책일수록 더 즐기면서 읽을 가능성이 높습니다. 여러 가지 책들을 둘러보고, 몇 페이지를 읽어 본 후 자신이 읽

을 책을 선정할 수 있습니다. 만약 자녀가 도서관에서 같은 책을 계속 반복해서 읽는다면 그 책은 구입해서 소장할 수 있도록 해 줄 것을 권합니다. 모든 책을 구입하기보다는 이와 같이 도서관도 활용하고, 소장 가치의 필요성을 느끼는 책은 구입하며 병행해 나갈 것을 추천하는 바입니다(Tom, 2013).

## 영어책 관련 질문은 영어로만 해야 한다.

영어책을 읽은 뒤에 이해 정도를 체크할 수 있는 질문은 반드시 영어로만 해야 한다는 주장 역시 맞지 않습니다. 물론 어떤 책을 읽든 반복해서 물어볼 수 있는 질문들은 영어로 질문하는 것이 좋을 것입니다. 예를 들어 How do you like it?(어땠나요?), Was it fun?(재미있었나요?), Which part did you like the most?(어떤 부분이 가장 좋았나요?) 등과 같은 질문들은 계속해서 꾸준히 영어로 해 준다면 여러 번 반복을 통해 그 질문 표현도 자녀가 익힐 수 있고 그에 대한 답변도 연습할 수 있을 것입니다.

그러나 여기서 또다시 유의할 점은 자녀별 수준이 반영되어야 한다는 것입니다. 반드시 영어로 할 것 혹은 반드시 우리말로 할 것 이렇게 정하지 말고 유연하게 활용하는 것이 좋겠습니다.

행복한 영어책 읽기를 위해 하지 말아야 할 것!

1) 무조건 단어를 외우게 하기
2) 모르는 단어는 하나하나 뜻을 찾게 하기
3) 책을 읽은 후에 책 내용 시험 보기
4) 영어책 관련 질문은 영어로만 하기

# PART 2

# 영어교육 전문가가 추천하는 도서

# 제1장 유형별 추천

아이와 함께 책을 읽는 것은 아이가 언어의 특성을 이해하고 언어능력을 습득하는 데 커다란 도움이 됩니다. 특히 어떠한 유형의 책을 소개하는가에 따라 아이가 습득할 수 있는 능력이 달라지며 학습의 깊이에도 도움이 되는데요, 그렇기 때문에 독서 지도를 위해서는 다양한 장르와 유형의 책을 이해하고 이를 바탕으로 책을 선정하며 아이에게 소개하는 것이 필요하겠습니다.

모든 책은 유형별로는 픽션과 논픽션으로 분류됩니다. 이 두 가지 유형의 책들은 수십 개의 더 구체적인 유형이나 장르로 나누어지는데, 이 장에서는 픽션 중 아동문학의 그림책(picture books), 리더스북(easy chapter books), 챕터북(chapter books)으로 나누어 추천 도서를 소개하겠습니다.

# 01
# 그림책
# Picture Books

그림책은 풍부한 색상의 삽화가 단순한 스토리라인을 지원하기 때문에 아이들은 물론 어른의 감성과 상상력도 자극합니다. 영어를 모국어로 하지 않는 학생들에게 그림책은 특히나 그림이 단순한 내용을 보충해 주는 역할을 넘어 저자가 전하고자 하는 내용을 이미지를 통해 전달하면서 이해를 돕는 데 커다란 역할을 합니다.

### 1) 보드북과 천으로 만든 책 Board Books and Cloth Books

어린 나이의 유아를 위해서는 두꺼운 판지로 만든 보드북과 천으로 만든 그림책이 내구성이 뛰어날 뿐만 아니라 청소하기도 용이하며 아기와 유아가 책을 손상시키지 않고 조작하기도 쉽습니다. 어린 나이의 아이들은 이러한 책을 통해 페이지 넘기는 법을 배우게 되고 그림에 대한 이야기 듣기를 좋아하게 될 것입니다.

### 2) 패턴화된 개념책 Patterned Concept Books

숫자나 색상 등과 같은 기본적인 개념을 알려주는 개념책은 아이디어나 관계 그리고 주제에 대한 아이의 이해 확장을 돕습니다. 특히 패턴이 계속 반복되면서 리드미컬한 흐름을 가진 책들은 아이와 어른이 함께 읽기가 수월하며 이야기가 어떻게 진행될지 미리 예측해 볼 수 있도록 하여 학습에도 매우 효과적입니다. 예를 들어 린다 수 박(Linda Sue Park)의 『토끼가 무엇을 보나요? What Does Bunny See?』, 에릭 칼(Eric Carle)의 『갈색 곰아, 갈색 곰아, 무엇을 보고 있니? Brown Bear, Brown Bear, What Do You See?』, 레오 리오니(Leo Lionni)의 『프레드릭 Frederick』, 에스피어 슬로보드키나(Esphyr Slobodkina)의 『모자 장수 이야기 Caps for Sale』 같은 책들을 통해서 색상의 개념을 배울 수 있습니다. 그리고 로이스 엘러트(Lois Ehlert)의 『알록달록 물고기 Fish Eyes: A Book You Can Count On』, 샌드라 보인턴(Sandra Boynton)의 『강아지들 Doggies』, 도널드 크루스(Donald Crews)의 『열 개의 검은 점 Ten Black Dots』를 읽으면서 숫자에 대해 배울 수 있습니다. 스텔라 블랙스톤(Stella Blackstone)의 『할머니는 무엇을 샀을까 My Granny Went to Market』와 같은 책을 통해서는 세계 여행을 하며 숫자 세기를 배울 수 있습니다.

『강아지들 Doggies』 (Boynton, 2004).

### 3) 참여책 Participation Books

Interactive Book이라고도 불리는 참여책은 아이에게 박수를 치거나 발을 만지거나 눈을 가리는 것 같은 단순한 지시 사항을 반복하도록 하거나 lift-the-flap 책과 같이 일정 부위에 덮개를 더해 덮개 아래를 들춰 보도록 함으로써 어린이와 책의 상호작용을 촉진합니다. 아이는 답을 찾거나 새로운 발견을 하기 위해 덮개 아래를 엿보는 것을 즐거워하지요.

어린이를 위한 "Touch and Feel" 책인 도러시 쿤하트(Dorothy Kunhardt)의 『토끼를 쓰다듬어 주세요 Pat the Bunny』는 1940년 출간된 후 6백만 부 이상이 판매되며 오랫동안 사랑을 받아온 책입니다. 토끼의 털을 만져 보기도 하고 아빠의 수염을 만지거나 엄마의 반지에 손가락을 넣어 볼 수도 있습니다. 어떤 페이지에서는 토끼의 가짜 털을 두드리는 것과 같이 느낄 수 있으며 다른 페이지에서는 "아빠의 긁힌 얼굴"을 상징하는 사포를 느끼고 또 다른 페이지는 거울을 보는 것과 같은 느낌을 주기도 하는 매우 흥미로운 책입니다.

『토끼를 쓰다듬어 주세요 Pat the Bunny』 (Kunhardt, 2001).

에릭 힐(Eric Hill)의 『스팟이 어디에 숨었나요? Where's Spot?』에서는 저녁 시간에 저녁을 먹지 않고 사라진 강아지 스팟을 찾아 엄마가 집 안 곳곳을 돌아다닙니다. 새로운 곳

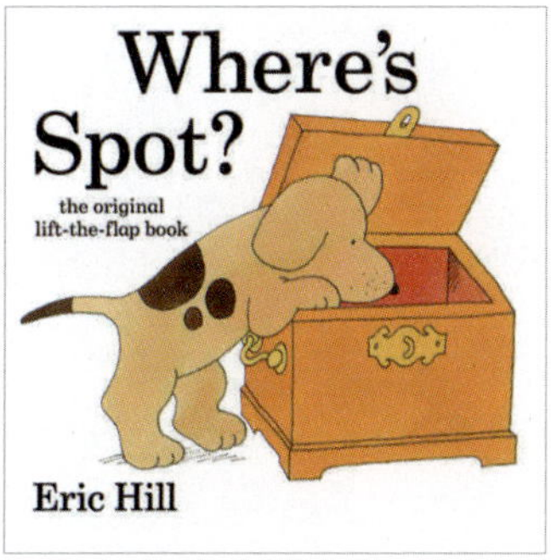


『스팟이 어디에 숨었나요? Where's Spot?』 (Hill, 1980).

을 찾을 때마다 책 덮개를 들어 올려보는데 문 뒤, 벽시계 안, 피아노 안, 계단 밑, 옷장 속 등을 들춰보며 강아지와 숨바꼭질을 하는 재미도 있지만 그 안에 있는 곰, 하마, 뱀 등 다른 동물 친구들도 만나볼 수 있습니다.

에르베 튈레(Hervé Tullet)의 『여기를 누르세요 Press Here』는 가운데 노란 동그라미만 그려져 있고 "이곳을 누르고 책장을 넘기세요"로 시작됩니다. 이 책은 책장을 넘기면서 점들이 늘어나고 노란 점들과 함께 빨간 점, 하늘색 점들을 누르거나 두드리고 책을 흔들기도 하고 기울여보고 박수도 치면서 여러 가지 색의 동그라미와 다양한 상호작용을 할 수 있는데요, 언뜻 보면 기본적인 것처럼 보이지만 이야기를 함께 읽으며 읽는 사람의 개성을 더할 수 있고 즐거움을 느끼게 해주는 책입니다.

#### 4) 글 없는 그림책 Wordless Book

텍스트가 거의 없거나 전혀 포함되지 않은 글 없는 그림책들에는 텍스트가 부재하지만 사실 흥미로운 이야기들이 포함되어 있습니다. 독자는 그림을 통해 이야기를 해석하고 어떤 메시지를 전달하고자 하는지 살펴보게 되는데 이러한 경험은 아이들에게 이야기의 순서에 집중할 수 있도록 돕기도 하고 자신만의 상상력을 키울 수 있게 하는 장점이 있습니다.

『나의 빨강 책 The Red Book』 (Lehman, 2004).

칼데콧 우수상 수상작인 바버라 리먼(Barbara Lehman)의 『나의 빨강 책 The Red Book』에서는, 도시에 사는 한 소녀가 학교 가는 길에 하얀 눈 위의 빨강 책을 발견합니다. 소녀가 교실에서 책을 읽기 시작하자 책 속에서는 바닷가에서 한 소년이 빨강 책을 읽고 있습니다. 그림만으로 도시 소녀와 섬 소년 간의 우정을 보여주는 마음 따뜻해지는 이야기이지요. 한국과 미국에서 활동하는 그림책 작가 이수지(Suzy Lee)의 『파도야 놀자 Wave』도 상상의 나래를 펼칠 수 있는 글 없는 그림책입니다.

## 02
# 리더스북
# Easy Chapter Books

리더스북은 본격적인 챕터북을 읽기 전에 읽기 능력을 향상시키기 위해 만들어진 학습을 위한 도서들로, Early Readers 혹은 Easy Chapter Books로도 불립니다. 그림책이 대개 엄마, 아빠, 선생님이 읽어 주었다면 리더스북은 아이들이 처음 스스로 읽기를 시작하는 책이라고 할 수 있겠습니다. 그림책과의 가장 큰 차이점은 문장구조와 어휘입니다. 제한적이고 반복적인 문장구조와 읽기를 위해 필요한 사이트 워드(sight words) 등 아이가 혼자 읽을 수 있도록 제한된 어휘와 문장의 형태를 사용하고 있어서 읽기 수준에 맞는 책을 선택하기 쉽습니다.

리더스북은 대개 리딩 레벨이 적혀 있는데 대표적인 리더스북으로는 I Can Read Book 시리즈와 Hello Reader 시리즈가 있습니다.

『초록 달걀과 햄 Green Eggs and Ham』과 『모자 쓴 고양이 The Cat in the Hat』, 『양말 신은 여우 Fox in Socks』 등 오랜 기간 세계적으로 널리 사랑을 받아온 닥터 수스(Dr. Seuss)의 작품들과 아놀드 로벨(Arnold Lobel)의 『개구리와 두꺼비 Frog and Toad』 시리즈 등 다양한 시리즈가 있습니다.

『양말 신은 여우 Fox in Socks』 (Dr. Seuss, 1965).

뉴베리 메달을 두 번이나 받은 작가 케이트 디카밀로(Kate DiCamillo)의 『머시 왓슨 Mercy Watson』 시리즈는 New York Times 베스트셀러 시리즈로 선정되기도 했는데요, 왓슨 부부가 키우는 돼지 머시가 펼치는 유쾌한 이야기입니다. 이 중 가이젤상(Theodor Seuss Geisel) 우수상을 받은 『머시 왓슨의 드라이브 Mercy Watson Goes for a Ride』 이야기에서는 왓슨 씨와 드라이브를 즐기던 머시가 운전대를 잡으면서 벌어지는 한바탕 소동이 그려지는데요, 기상천외한 상상력을 그리는 작가로 유명한 작가 케이트 디카밀로의 개성이 잘 드러난 이야기입니다.

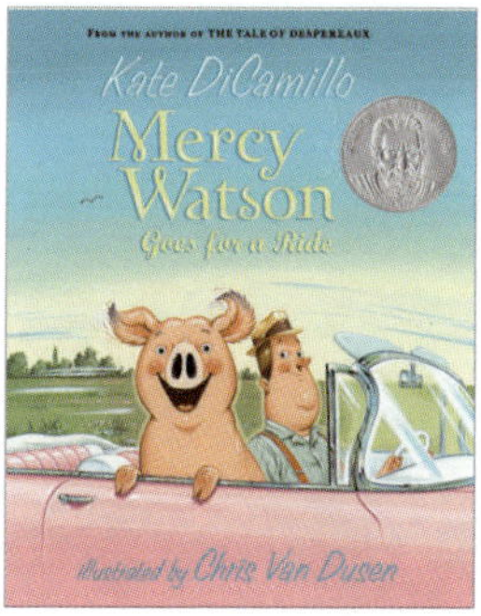


『머시 왓슨의 드라이브 Mercy Watson Goes for a Ride』 (DiCamillo, 2009).

# 03
# 챕터북
# Chapter Books

챕터북은 책 읽기를 처음 시작한 유아들이 우선은 주로 그림으로 이야기를 전달하는 그림책을 읽고, 리더스북을 통해 단계별 이야기 읽기 수준을 향상시킨 후, 어느 정도 혼자서 책 한 권을 읽을 수 있을 때 시작하는 책입니다.

그림책(picture book)이 주로 그림으로 이야기를 전달한다면, 챕터북은 주로 산문으로 이야기를 제시하는데, 한자리에서 책 전체를 처음부터 끝까지 읽기 힘든 어린이 독자들이 쉬었다가 읽을 수 있도록 여러 챕터로 구분되어 있기 때문에 챕터북이라고 합니다. 이야기의 흐름에 따라 장(chapter)으로 나뉘어져 있어 읽는 부담이 다소 줄어든다는 장점이 있습니다.

우리나라에서도 많은 어린이들이 읽는 메리 폽 어즈번(Mary Pope Osborne)의 『마법의 시간 여행 Magic Tree House』 시리즈는 잭과 그의 여동생 애니가 숲에서 발견한 나무 위의 집을 방문할 때마다 벌이는 모험 이야기를 담고 있습니다.

『마법의 시간 여행 Magic Tree House (No. 5)』 (Osborne, 1995).

이 밖에도 고민스러운 친구 관계를 유머스럽게 담은 파울라 댄지거(Paula Danziger)의 『앰버 브라운 Amber Brown』 시리즈, 초등학생 세 명이 여러 사건을 해결하는 탐정 소설 시리즈인 론 로이(Ron Roy)의 『딩크 던컨과 미스터리 수사대 A to Z Mysteries』, 개성 강한 친구 주니 비를 다룬 바바라 박(Barbara Park)의 『주니 비 존스 Junie B Jones』 시리즈 등 다양한 챕터북 시리즈가 있습니다.

앞서 소개한 미국 국립독서위원회가 추천하는 영어 독서 지도법에서 유창한 영어 읽기를 위해 단어 인지력의 자동성이 중요함을 강조한 바 있습니다. 자동성의 발달을 위해서는 반복이 필요한데 자칫 잘못하면 지루할 수 있습니다. 챕터북 시리즈는 동일한 등장인물들이 새로운 모험이나 사건에 참여하기 때문에 챕터북 시리즈들을 잘 활용하면 자연스럽게 언어적인 반복 학습의 효과도 가져올 수 있습니다. 장르와 소재가 다양하며 읽기 수준이나 길이도 매우 다양하여 관심과 수준에 맞는 챕터북을 선정할 수 있도록 옆에서 관심을 갖고 도와주는 것이 필요하겠습니다.

『딩크 던컨과 미스터리 수사대 A to Z Mysteries』 (Roy, 2008).

# 제 2 장
# 작가별 추천

본 장에서는 전 세계적으로 사랑받는 아동문학 작가들 10명과 그들의 대표 작품들, 그리고 해당 작품들을 활용한 학습활동에 대해서 살펴보겠습니다.

# 01
# 모 윌렘스 (Mo Willems: 1968~)

(Umans, n.d.).

현재 아동그림책 분야에서 가장 잘 알려진 작가 중 한 명인 모 윌렘스(Mo Willems)는 미국 일리노이(Illinois)에서 태어난 애니메이터이자 일러스트레이터이고 동화작가입니다. 뉴욕 대학교(New York University)의 Tisch School of the Arts에서 학위를 받은 그는 우리나라에도 잘 알려진 Sesame Street의 애니메이터 및 작가로 커리어를 시작하였습니다. New York Times 베스트셀링 작가이기도한 모 윌렘스는 많은 단편들을 발표하기도 했지만, 그의 작품들 중에서 가장 잘 알려진 것들은 Cat the Cat, Elephant & Piggie, Pigeon, Knuffle Bunny 시리즈라고 볼 수 있습니다. 특히 이 시리즈들에는 귀여운 동물 캐릭터들이 많이 등장하여 영어에 큰 관심이 없는 아이들을 사로잡기에 더할 나위 없어 보입니다. 이 시리즈의 일부 그림책은 작품성을 인정 받아 칼데콧 메달, 가이젤 메달

『저게 누구지 Who Is That?』
(Willems, 2014).

등을 수상하기도 하였습니다.

위에서 언급한 해당 시리즈들은 모두 아동들을 대상으로 영어교육을 할 때 매우 유용한 그림책들이라고 볼 수 있고 각각 다른 연령대의 아동 학습자들에게 활용 가능한데요, 우선 Cat the Cat의 경우 가장 어린 나이의 아동들에게 활용하기에 유용합니다. 해당 시리즈에는 『Who Is That?』, 『Let's Say Hi to Friends Who Fly!』, 『What's Your Sound HOUND the HOUND?』, 『Time to Sleep SHEEP the SHEEP!』 등이 포함되어 있습니다. 이 그림책들은 패턴북(Pattern Book)이기 때문에 특정 표현이 반복해서 등장하는데, 예를 들어 『Who Is That?』의 경우에는 "Cat the Cat, who is that?"이라는 문장이 반복되며 매 페이지마다 다른 동물들(Mouse, Duck, Fish)이 소개됩니다. 이렇게 주 표현("who is that?")은 반복되지만, 각 동물들은 다른 종류의 인사 표현(Hey, dude! Hello, there! 등)을 사용하기 때문에 아이들은 다양한 방법의 영어 인사 표현을 자연스럽게 접할 수 있습니다. 이 그림책에는 Duck이 또 다른 시리즈의 주인공 캐릭터인 Pigeon을 인형으로 들고 나와 Pigeon 시리즈를 아는 독자들로 하여금 웃음을 짓게 만들기도 하지요.

Cat the Cat 시리즈와 유사한 형식을 갖추고 있으나 좀 더 스토리에 기반한 Elephant and Piggie 시리즈의 경우, Cat the Cat 시리즈보다는 좀 더 복잡하고 다양한 영어 표현들을 제시하고 있습니다. 『We Are in a Book!』과 같은 책에서는 '제4의 벽'을 넘어 캐릭터들이 독자와 소통하려는 등의 신선한 시도를 통해 다음 해에 가이젤 상을 수상하기도 하였습니다. 이 시리즈의 주인공은 코끼리 제럴드(Gerald)와 돼지 피기(Piggie)이고 전반적인 시리즈는 이 둘 간의 우정을 주제로 다루고 있는데요, 이제 막 다른 친구들을 사귀기 시작하는 나이의 아동들에게 다른 친구와 어떻게 놀아야 하는지, 어떤 표현을 사용해야(혹은 사용하지 말아야) 하는지에 대해서 알려준다는 점에 있어서 아동 독자들의 사회 적응 및 발달 측면에서도 매우 유용한 시리즈라고 봅니다. 배경 사용을 최소화한 것이 특징이고 모든 영어 표현이 두 캐릭터의 말풍선(Word Bubbles)을 통해 제시되어 마치 만화책을 읽는 듯한 느낌도 줍니다. 영어학습적인 측면으로 볼 때, 다양한 종류의 조동사들(can, will, may 등)이 활용되기 때문에 아이들에게 각 조동사의 뉘앙스를 느끼게 해주는 데도 유용하다고 볼 수 있겠습니다.

「우리가 책 속에 있어 We Are in a Book!」 (Willems, 2010).

국내에도 많이 소개된 Pigeon 시리즈의 경우 주인공인 Pigeon이 주인공으로 등장하는데 Pigeon은 요구 사항이 많고 불평불만이 늘기 시작하는 5~8세 아이들의 모습을 많이 반영하고 있습니다. 전반적으로 Pigeon이 독자와 대화를 하는 형식으로 구성이 되어 있고 Cat the Cat이나 Elephant and Piggie 시리즈보다는 좀 더 어려운 수준의 어휘와 복잡한 문장들을 제시합니다. 이 중 문법적인 측면에서 아이들의 영어습득에 도움이 될만한 것들이 많은데

『비둘기야 핫도그 맛있니? The Pigeon Finds a Hot Dog!』 (Willems, 2004).

요, 예를 들어 『The Pigeon Finds a Hot Dog』에서는 핫도그를 발견한 Pigeon이 길에서 만난 Duckling에게 "Not a hot dog; my hot dog"이라는 표현을 사용하는데 이를 통해 아이들은 'a'라는 부정관사는 어떤 구체적인 대상을 지칭하지 않는다는 것을 인지하게 됩니다. 『The Pigeon Needs a Bath』에서는 목욕하기를 너무나 싫어하는 Pigeon이 독자에게 "Maybe YOU need a bath!"라고 표현하는 부분이 있는데 저자가 'YOU'를 볼드체로 표현하여 부모나 아이들로 하여금 해당 단어를 크게 혹은 강하게 읽도록 유도합니다. 이를 통해 영어에서 특정 단어 혹은 표현을 강조하여 읽는 것이 어떠한 의미를 담고 있는지 아이들에게 간접적으로 알려줄 수 있습니다.

## 추천 활동

### 활동 1. 읽기 활동

**Elephant and Piggie 시리즈 같이 읽기**

자녀가 Sight words를 어느 정도 익힌 상태라면 Elephant and Piggie 시리즈를 함께 읽어 보세요. 매 페이지마다 각 캐릭터의 대사가 한두 문장으로 구성되어 있기 때문에 기본적인 어휘를 읽을 수 있는 아동이라면 별 무리 없이 읽을 수 있습니다. 아빠와 딸이 함께 읽을 경우, 아빠가 제럴드를 맡고 딸이 피기를 맡아서 읽어보시기 바랍니다.

### 활동 2. 읽기 후 활동

**Pigeon에 대해 이야기해 보기**

Pigeon 시리즈의 Pigeon은 5~8세 아이들과 유사하게 생각하고 행동합니다. 아이들은 그런 Pigeon을 보면서 쾌감을 느끼기도 하고 또 반성하기도 하는데요, 이러한 점을 고려해서 책을 읽고 자녀와 함께 Pigeon의 어떤 말과 행동이 공감되었는지, 혹은 Pigeon이 어떤 점을 고쳐나가면 좋을지 이야기해 봅시다.

# 02
# 토니 로스 (Tony Ross: 1938~)

(Ross, n.d.).

토니 로스(Tony Ross)는 1938년 영국 런던 출생의 일러스트레이터이자 동화작가입니다. 어릴 때부터 그림을 그리기 시작한 그는 Little Princess 시리즈와 프란체스카 사이먼(Francesca Simon)과 함께 한 Horrid Henry 시리즈로 잘 알려져 있는데요, 그 외에도 『Centipede's One Hundred Shoes』, 『The Boy Who Cried Wolf』, 『Silly Mr. Wolf』 등을 포함한 수많은 단편들을 썼습니다. 토니 로스는 개성 넘치는 그만의 수채화(watercolor) 기법을 통해 전 세계 수많은 아동 독자들에게 깊은 인상을 남겼고, 특히 가장 잘 알려진 Little Princess 시리즈의 경우에는 그의 모국인 영국에서 TV 애니메이션으로 제작되기도 하였습니다.

위에서 소개한 Little Princess 시리즈의 경우, 4~6세 여자아이의 특징이나 행동을 너무나 사실적으로 묘사해 부모들로 하여금 매 페이지마다 '우리 딸이랑 똑같네'라고 생각하게 만드는데, 이는 토니 로스가 해당 시리즈를 제작할 때 그의 둘째 딸 앨릭스(Alex)를 키우고 있었던 경험이 영향을 준 것으로 보입니다. 예를 들어 Little Princess 시리즈 중 2003년에 출판된 『I Don't Want to Wash My Hands』에서는

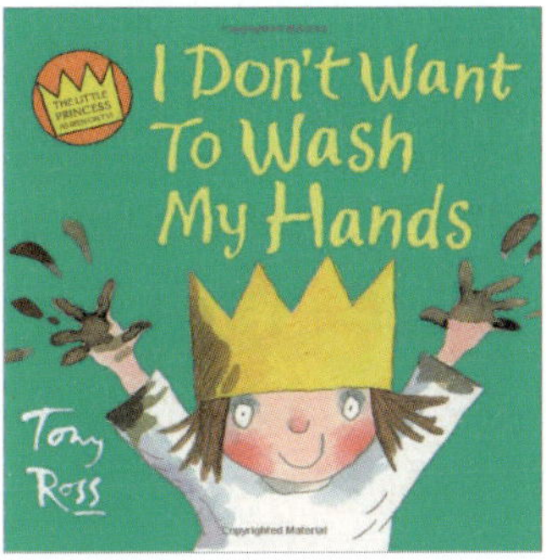

『손 씻기 싫어 I Don't Want to Wash My Hands』 (Ross, 2004).

자녀의 손을 씻기고자 끝없이 노력하는 부모와 왜 씻어야 되는지 계속 묻는 Little Princess와의 힘겨운 전쟁(?)을 코믹하게 보여주는데, 코로나 때문에 자녀들의 손을 씻기려고 진땀 흘리는 요즘에는 더욱 공감이 많이 가는 내용이 아닐 수 없습니다. 그 외에도 병원에 가기 싫어하고(『I Don't Want to Go to Hospital』), 생일이 1년에 한 번 이상이었으면 하고(『I Want Two Birthdays』), 잠자기 싫어하는(『I Don't Want to Go to Bed』) 등 아이들의 마음을 잘 표현한 작품들이 포함되어 있습니다.

Little Princess 시리즈는 패턴북 등으로 어느 정도 기본적인 수준의 영어 어휘가 쌓여 있는 자녀들에게 처음 소개하는 스토리북으로 적당하다고 볼 수 있습니다. 기본적으로 매 페이지마다 3줄 이내의 영어 문장들이 포함되어 있고 해당 문장들에 대한 내용이 그림에 잘 묘사가 되어 있기 때문에 몇몇 어휘를 모르더라도 이해하는 데 크게 어렵지 않을 것입니다(사실 영어를 잘 이해하지 못하더라도 그림체가 워낙 독특하고 재미있기 때문에 그림 때문에라도 계속 Little Princess 시리즈를 찾는 아이들이 많습니다). 또한 The King, The

Queen, The Maid, The Cook, The General, The Prime Minister 등의 캐릭터들이 모든 시리즈에 반복되어 등장하기 때문에 기본 캐릭터 관련 어휘를 익혔다면 파닉스 리딩 초기 단계를 위한 스토리북으로도 적절하다고 볼 수 있습니다.

언어적으로는 일상 대화 관련 단순한 영어 표현들을 소개하기에 적절한데요, 『I Want a Party』에 나오는 The Prime Minister와 Little Princess의 대화를 예로 살펴보겠습니다.

Prime Minister: "Can I help?"
Little Princess: "Yes, please. You can help me make some party hats."

위의 대화를 통해 도움을 제안하고(Can I help?), 그러한 제안에 응하며(Yes, please.), 본인이 필요한 내용을 말하는(You can help me ________.) 표현들을 배울 수 있습니다.

시제와 관련해서는 대화체의 문장을 제외하고는 대부분 과거형으로 되어 있어 동사의 과거형을 소개하는 데 유용합니다.

## 추천 활동

### 활동 1. 읽기 중 활동

**그림만 보고 Little Princess 대사 표현해 보기**

자녀와 Little Princess를 영어로 한번 읽은 후, 영어 문장을 가리고 자녀가 Little Princess라면 영어로 뭐라고 말할지 이야기해 보도록 합니다. Little Princess와 똑같이 말해도 좋고 자녀가 자신만의 표현으로 이야기해도 좋습니다. 어느 쪽이든 왜 그렇게 표현했는지 그림을 보면서 자녀와 함께 이야기 나누어 봅니다.

### 활동 2. 읽기 후 활동

**Little Princess에 나왔으면 하는 직업 이야기해 보기**

Little Princess에는 The Maid, The Cook, The General, The Prime Minister, The Gardener, The Doctor 등 다양한 직업이 나옵니다. 자녀와 함께 Little Princess에 나왔으면 하는 직업과 그 직업을 가진 사람이 Little Princess에게 어떤 도움을 줄 수 있을지에 대해서 이야기해 보세요. 자녀가 미래에 갖고 싶은 직업에 대해서도 자연스럽게 이야기해 볼 수 있습니다.

# 03

# 케빈 헹크스 (Kevin Henkes: 1960~)

(Corpora, n.d.).

Books are often the first exposure to art that children have. Keeping that in mind urges me to make the very best books possible. I know how important the books from my childhood were (and are) to me. Without them, I might not be a writer and artist today.[1)]

아이들은 보통 책을 통해 처음으로 예술을 접하게 된다. 이 점을 명심하는 것은 나로 하여금 가능한 한 훌륭한 책을 만들도록 한다. 나는 어린 시절의 책들이 나에게 얼마나 중요하였는지(그리고 중요한지) 알고 있다. 책들이 없었다면, 나는 오늘날 작가나 예술가가 되지 못했을지도 모른다.

1) Kevin Henkes 홈페이지: https://kevinhenkes.com/about/

케빈 헹크스(Kevin Henkes)는 1960년 미국 위스콘신 출생의 일러스트레이터이자 동화작가입니다. 어려서부터 아티스트가 되는 것이 꿈이었던 그는 그만의 독특한 그림체와 감동을 주는 이야기를 통해 다양한 그림책과 소설들을 출간하였고 그의 작품들은 칼데콧 메달(『Kitten's First Full Moon』), 뉴베리 메달(『Olive's Ocean』, 『The Year of Billy Miller』) 등을 수여하는 영예를 안았습니다. 케빈 헹크스는 책을 아이들에게 노출시키는 것이 그 어떤 교육보다도 중요하다는 철학으로 아동들을 위한 책을 만들고 있다고 하네요.

청소년들을 위한 소설 작품도 집필하지만 그의 작품들 중 가장 잘 알려진 것은 귀여운 쥐 캐릭터들을 주인공으로 한 Mouse 시리즈라고 볼 수 있습니다. 해당 시리즈에서는 우리가 주변에서 볼 수 있는 다양한 성격의 아동들을 생쥐로 의인화한 캐릭터들(Chester, Chrysanthemum, Julius, Lilly, Owen, Penny, Sheila Rae, Wemberly, Wendell 등)을 만날 수 있는데요, 이러한 마우스 시리즈의 주인공들은 아동기에 흔히 겪을 수 있는 다양한 고민이나 갈등 상황을 경험하게 됩니다. 예를 들어 웸벌리(Wemberly)는 학교를 처음 가기 전에 수많은 걱정을 하고 있는 아이, 크리샌서멈(Chrysanthemum)은 이름이 너무 길어 자신을 놀리는 친구들 때문에 속상해하는 아이, 웬들(Wendell)은 다른 친구의 생각이나 기분은 신경 쓰지 않고 자기 마음대로 하려는 아이의 모습을 보여주지요. 이 시리즈의 장점 중 하나는 이러한 다양한 문제 상황에서 각 아이들이 어떠한 생각을 가지고

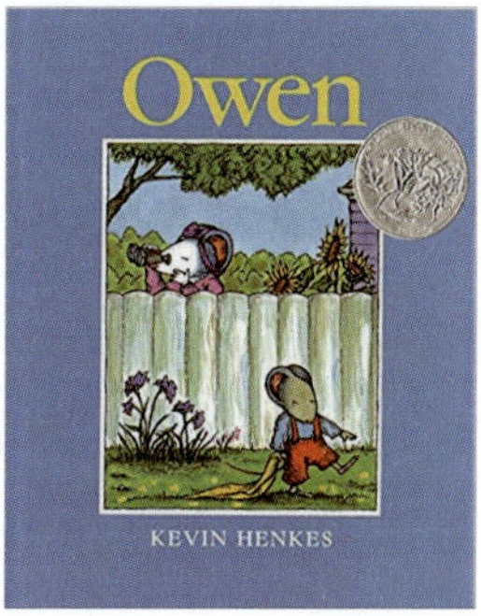

『오언 Owen』(Henkes, 1993).

있는지 알게 해 주며, 또 아이들의 주변 인물들(부모, 친구, 선생님 등)이 어떤 식으로 대응해야 되는지에 대해 생각해 볼 수 있는 기회를 제공한다는 것입니다. 예를 들어 오언(Owen)에서는 어디를 가든지 항상 보송보송한 노란 담요(fuzzy yellow blanket)를 들고 다니는 아이가 주인공으로 등장하는데, 오언의 부모님은 학교에도 담요를 가지고 가려는 오언이 담요에 애착을 버리도록 하기 위해 노력합니다. 오언에서는 아이들이 본인의 애착 담요에서도 가장 좋아하는 모서리가 있다는 묘사가 등장하는데 이러한 섬세한 관찰과 묘사가 케빈 헹크스 그림책의 강점이 아닌가 싶습니다. 담요를 애착 물건으로 가지고 있는 자녀를 키우는 부모님들이라면 아마 비슷한 관찰을 해 보셨을 것입니다. 이 이야기에서 오언의 부모님은 여러 가지 방법을 동원하다가 결국 담요를 작게 잘라서 오언이 호주머니에 넣고 학교에 가져갈 수 있도록 하는데요, 즉 오언이 큰 담요를 학교에 가져가지 않게 만들면서도 애착 물건을 가져갈 수 있는 방법을 생각해 낸 것입니다. 이와 비슷한 경험을 한 부모님들은 오언을 통해서 자녀와의 갈등을 줄이면서도 본인들의 걱정거리를 줄일 만한 아이디어를 얻을 수 있을 것입니다.

케빈 헹크스의 마우스 시리즈는 짧은 길이의 스토리북에 어느 정도 익숙해지고 Sight words의 수준이 Grade 3 Level 정도인 아동들에게 읽어주기 좋습니다. vinegar, scarcely, fascinating, neighborhood, allergic과 같은 다소 빈도가 낮은 편(그러나 일상생활에서 많이 사용하는)인 어휘들이 등장하므로 이러한 어휘들을 아동들에게 소개하기에도 적절하다고 볼 수 있겠습니다.

## 추천 활동

### 활동 1. 읽기 중 활동

**마우스 캐릭터의 고민 해결 방법 이야기하기**

책의 결말 부분을 읽어주기 전에 자녀에게 마우스 캐릭터가 가지고 있는 고민(문제점)을 어떻게 해결하면 좋을지 함께 이야기해 봅시다. 어쩌면 부모님이 가지고 있는 해결 방법보다 더 기발하거나 현실적인 답을 자녀가 제시할지도 모릅니다.

### 활동 2. 홈페이지 방문하기

**홈페이지에서 다양한 학습활동을 다운받아서 활용하기**

케빈 헹크스의 개인 홈페이지(https://kevinhenkes.com/for-teacherslibrarians-parents/)는 그의 그림책과 관련된 다양한 학습활동(activities)을 제공하고 있습니다. 아주 어린 아동들을 위한 색칠하기, 선 연결하기, 오리기와 같은 활동부터 유치원생과 초등학교 저학년을 위한 파닉스, 어휘, 간단한 작문 등의 언어활동까지 다양한 활동이 있으니 케빈 헹크스의 작품을 좋아하는 자녀와 부모님들은 한번 방문해 보시기 바랍니다.

## 04
## 레오 리오니 (Leo Lionni: 1910~1999)

(Leo Lionni, n.d.).

I believe that a good children's book should appeal to all people who have not completely lost their original joy and wonder in life. The fact is that I don't make books for children at all. I make them for that part of us, of myself and of my friends, which has never changed, which is still a child.

좋은 어린이책이란 삶의 본래의 기쁨과 경이로움을 완전히 잃어버리지 않은 모든 사람에게 감동을 줄 수 있어야 한다고 저는 믿습니다. 사실 제가 어린이들만을 위해 책을 만드는 것은 아닙니다. 저는 제 안에, 제 친구들 안에, 그리고 우리 모두 안에 숨어 있는 시간이 가도 변하지 않는 어린아이 같은 본성을 향해 책을 쓰고 만듭니다.

'20세기의 이솝'이라는 별명을 가지고 있는 레오 리오니(Leo Lionni)는 1910년 네덜란드 암스테르담에서 태어난 그림책 작가이자 화가이고 아트디렉터입니다. 주변에 미술을 사랑하는 친척들과 집 근처에 미술관이 있었던 리오니는 어린 시절부터 예술 작품을 접할 수 있었고 다양한 여행 경험을 통해 그의 예술 감각을 키울 수 있었던 것으로 알려져 있습니다.

리오니가 늦은 나이에 어린이책 작가로 거듭나게 된 유명한 일화가 있습니다. 하루는 손자 손녀들과 함께 긴 기차 여행을 하는데 아이들이 지루한 여행을 못 견디자 잡지에서 노란색과 파란색 원을 오려내어 이야기를 만들어 들려준 것입니다. 그렇게 해서 그가 쓰게 된 첫 번째 어린이책이 바로 유명한 『Little Blue and Little Yellow』(1959)였습니다.

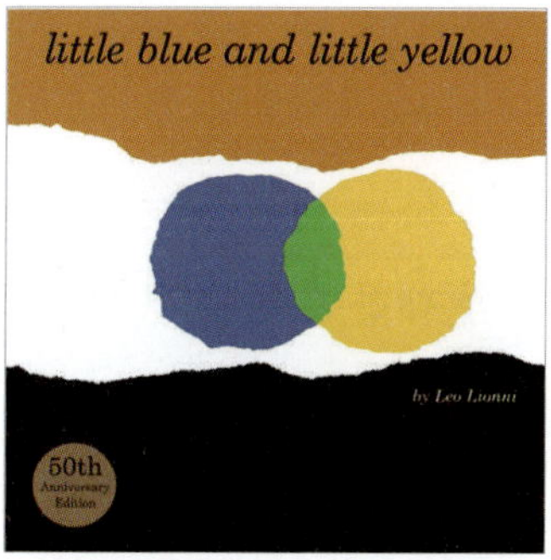

『파랑이와 노랑이 Little Blue and Little Yellow』(Lionni, 2011).

그 후 그는 사진이나 그림을 오리거나 찢어서 붙이는 등의 독특한 방식을 보여주었으며 '본질(Being)'이라는 심오한 주제를 귀여운 동물 캐릭터 등으로 다루어 아동문학계에서 큰 주목을 받았습니다. 그는 늦은 나이에 어린이책 작가로 데뷔하여 약 40여 편의 작품을 남겼는데 그중 『Inch by Inch』, 『Frederick』, 『Swimmy』, 그리고 아래에서 소개할 『Alexander and the Wind-Up Mouse』를 통해 칼데콧 메달을 4차례 수상하는 영광을 안았습니다. 사후에는 일러스트레이터로서의 공적을 인정 받아 2007년에 The society of

『알렉산더와 태엽쥐 Alexander and the Wind-Up Mouse』 (Lionni, 1969).

illustrators로부터 평생공로상을 수상하기도 하였습니다.

그의 작품에는 귀여운 쥐 캐릭터를 주인공으로 한 책들이 많은데요, 이 작품들은 모두 철학적이며 심오한 주제를 다루고 있습니다. 미지의 세계에 대한 호기심과 그 세계로 나아가는 용기를 다룬 작품인 『Tillie and the Wall』, 자신이 정말 하고자 하는 일을 찾는 존재의 모습을 그린 『Matthew's Dream』, 타인에 대한 고찰을 통해 자신의 가치를 깨닫게 되는 과정을 그린 『Alexander and the Wind-Up Mouse』 등이 이러한 예가 되겠습니다. 리오니 자신이 말한 것처럼, 이 작품들은 어린이 그림책으로 분류가 되어 있지만, 주제와 내용적인 면에서 볼 때 성인에게도 큰 감동을 주곤 합니다.

언어적 측면에서 보았을 때 리오니의 작품들은 『On My Beach There are Many Pebbles』처럼 단어나 문장이 거의 포함되어 있지 않은 책들부터, 『Let's Make Rabbits』, 『A Color of His Own』, 『The Alphabet Tree』처럼 짧은 문장으로 구성된 책들, 그리고 『Tico and the Golden Wings』, 『Tillie and the Wall』처럼 완성된 스토리를 포함하고 있는 책들까지 다양하게 구성되어 있습니다. 따라서 자녀의 영어 수준을 살펴보시고 그에 적합한 책을 선정하시면 되겠습니다.

## 추천 활동

### 활동 1. 읽기 중 활동

**결말 예상하기**

『알렉산더와 태엽쥐 Alexander and the Wind-Up Mouse』에는 주인공 쥐인 알렉산더(Alexander)와 태엽쥐 윌리(Willy)가 등장합니다. 윌리가 상자에 버려지는 모습을 본 후에 보라색 조약돌을 찾는 부분까지 자녀와 함께 읽고, 알렉산더는 도마뱀(Lizard)에게 어떤 소원을 빌지 함께 예상해 봅니다.

### 활동 2. 읽기 후 활동

**A Color of His Own 색칠하기**

A Color of His Own에는 다양한 자연물 위에 올라가면 색깔이 바뀌는 카멜레온이 등장합니다. 자녀와 함께 방에 있는 여러 가지 사물들을 살펴보고, 그 사물의 영어 단어 혹은 표현에 대해 이야기해 봅시다(예: lamp, desk, chair, bed 등). 그리고 하나의 사물을 선택한 후에 카멜레온이 그 물건 위에 올라가면 어떤 색으로 바뀔지 그림을 그려 보세요.

### 활동 3. 읽기 후 활동

**The Alphabet Tree 문장 쓰기**

자녀와 함께 The Alphabet Tree를 읽고 아래 상자의 단어들을 함께 살펴봅니다.

> like(s) / mom / dad / don't / toy / give / me / happy / am / is
> love / brother / sister / sad / difficult / doesn't / studying /
> English / make(s) / doll / bear / kindergarten / school

그리고 자녀에게 나뭇잎을 여러 장 그리게 한 후, 상자 안의 단어들과 책에 나온 단어들을 조합해서 엄마나 아빠에게 하고 싶은 말을 영어로 표현하도록 해 봅니다. 만약 자녀가 단어를 조합하는 것을 어려워하면 옆에서 지도해 주시기 바랍니다.

## 05
## 린다 수 박
## (Linda Sue Park: 1960~)

(Sones, n.d.).

린다 수 박(Linda Sue Park)은 한국계 미국인으로 미국의 소설가이자 아동문학가입니다. 어려서부터 글 쓰는 데 남다른 소질을 보인 그녀는 9세 때 한 아동잡지에 자신이 쓴 시가 실리면서 초등학교와 고교 시절에도 각종 잡지에 꾸준히 자신이 쓴 글을 기고하게 되었습니다. 스탠퍼드 대학에서 영문학을 공부하였는데, 자신이 진정으로 원하는 것은 아동문학이라는 것을 깨닫고 1997년부터 아동문학을 집필하기 시작했습니다.

미국 일리노이 어바나에서 태어나 시카고 교외에서 성장한 린다 수 박은 부모님이 한국어를 가르치지 않아 한국어가 매우 서툴렀다고 합니다. 그녀에게는 두 자녀가 있는데 아이리시계인 남편이 자신의 뿌리에 대해 자녀들에게 알려주는 것을 보면서 자신도 한국의 전통과 뿌리에 대해서 알려주고 싶었다고 합니다. 그러나 정작 아이들에게 자신의 뿌리에 대해 알려주려고 하였지만 한국에 대한 지식이 거의 없음을 깨닫고 매우 부끄러웠다고 합니다. 이를 계기로 그녀는 한국에 대해 공부하기 시작하였고 뉴베리상 수상작인『사금파리 한 조각 A Single Shard』외에도『널뛰는 아가씨 The Seesaw Girl』,『연싸움 The Kite Fighters』,『내 이름이 교코였을 때 When My Name Was Keoko』등 한국을 소재로 하는 아동 역사소설을 여러 편 쓰게 되었습니다. 이 작품들 모두 책 표지부터 한국 냄새가 물씬 풍기며 내용 또한 한국의 역사에 충실하려고 노력한 흔적을 곳곳에서 찾아 볼 수 있습니다.

그녀는 2002년 한인 작가로는 처음으로 아동문학상의 꽃이라 불리는 뉴베리 메달을 수상하였는데요, 그녀에게 뉴베리 메달 수상의 영광을 안겨준 작품은 앞서 소개한『사금파리 한 조각 A Single Shard』라는 제목의 소설입니다. 수상 당시 뉴베리 수상작 선정위원단은 이 작품에 대해 고려 시대의 작은 마을에 사는 고아 소년이 도공의 꿈을 이루기 위해 용기를 갖고 인내하며 도전하는 모습과 한국인의 장인정신이 미국인들에게 시공을 초월한 감동을 주었다고 찬사를 보낸 바 있습니다.

『사금파리 한 조각 A Single Shard』는 12세기 고려 시대를 배경으로 도공이 되기를 열망하는 고아 소년 Tree Ear(목이)를 통해 인간의 삶에 대한 열정과 도전을 그린 작품입니다. 고대 한국의 도자기 예술과 전통이라는 다소 어려운 주제를 소년 목이의 눈을 통해 영어권 독자들에게 쉽고 재미있게 전달하며 한번 읽기 시작하면 눈을 떼기 힘들 정도로 강한 호소력이 있는 작품입니다. 아동도서임에도 불구하고 한민족이 갖는 국민정서를 심도 깊게 묘사한 작품으로 특히 자라나는 우리나라 아동 청소년에게 자긍심을 주는 작품이라고 할 수 있습니다. 다소 난이도가 높은 책(Lexile: 920L Grade Level: 4-7)으로 영어를 모국어로 사용하는 학생들에게도 초등 6학년 이상의 수준이고 우리나라 학생의 경우는 중학생들에게 추천해 주고 싶은 책입니다.

『비빔밥 Bee-bim Bop!』 (Park, 2008).

린다 수 박은 처음에는 챕터북을 주로 썼으나 나중에는 책을 읽기 시작하는 어린이들을 위한 그림책(picture book)도 여럿 출간했는데 흥미롭게도 『비빔밥 Bee-bim Bop!』, 『멍멍 mung-mung』 등 한국어를 제목으로 하는 책도 있습니다. 『비빔밥 Bee-bim Bop!』은 엄마와 함께 장을 보고, 비빔밥 재료를 준비하는 엄마를 옆에서 지켜보고, 식탁을 차리고, 할머니, 엄마, 아빠, 그리고 아기 동생까지 가족들이 모두 한자리에 모여 맛있게 비빔밥을 먹는다는 이야기입니다. 비빔밥의 출판사인 클라리온 북스(Clarion Books)는 삽화가로 처음에 백인 여성 삽화가를 선정했다고 하는데요, 등장인물들은 물론, 밥솥, 그리고 애완견까지 한국의 정서를 잘 담아내지 못했다고 합니다. 린다 수 박은 출판사 측에 "비빔밥은 한국의 전통 요리이므로 한국의 정서를 나타내야 한다"라고 주장해 한국에서 활동하는 삽화가인 이호백 씨가 삽화를 맡게 되었고 그 덕분에 한국 정서를 잘 담아낸 영어 그림책 비빔밥이 탄생하였다고 합니다.

영어로 비빔밥을 'mix mix rice'로 소개한 작가는 이야기 뒤에 비빔밥 레시피도 소개하고 있어 그야말로 한국 문화 홍보 대사의 역할까지 하고 있습니다. 그녀는 1800년대 한국을 배경으로 한 『봉화꾼의 아들 TheFirekeeper's Son』, 어떤 동물이 '멍멍'이라고 소리 내는가 묻는 그림책 『멍멍 mung-mung』, a broken crayon cosmic adventure(부러진 크레용의 우주모험)이라는 기발한 부제가 붙은 보라색과 초록색 크레용 이야기 『거플과 프린 Gurple and Preen』, 그리고 그녀의 베스트셀러 소설인 『우물파는 아이들 A Long Walk to Water』의 주인공인 수단 소녀 니아의 이야기를 그림책으로 낸 『니아의 긴 산책: 한 번에 한 단계 Nya's Long Walk: A Step at a Time』 등 그림책도 활발히 발표하고 있습니다.

『멍멍 mung-mung』 (Park, 2004).

## 추천 활동

### 활동 1. 읽기 중 활동

**『비빔밥 Bee-bim Bop!』을 읽으면서 '비빔밥'이라는 단어에 맞춰 함께 큰 소리로 말해 보기**

책을 읽기 전, 아이들에게 부탁이 하나 있다고 말합니다. 부탁은 책을 읽으면서 '비빔밥'이라는 단어가 나올 때마다 밥을 비비는 손동작과 함께 "비빔밥"이라고 큰 소리로 외치라고 하는 것입니다. 예를 들어 "Hurry, Mama, hurry Gotta shop shop shop! Hungry hungry hungry for some BEE-BIM BOP!(엄마 서둘러서 장 보러 가요! 배가 많이 고프고 비빔밥 먹을 준비가 되었어요!)"이라는 문장을 읽으면서 '비빔밥' 부분에서 함께 손동작을 하고 큰 소리로 외칩니다. 이 활동을 통해 책을 읽는 동안 아이의 참여도를 높이며 집중도를 높일 수 있습니다.

### 활동 2. 읽기 후 활동

**『뽕나무 프로젝트 Project Mulberry』를 함께 읽고 토론하기**

『뽕나무 프로젝트 Project Mulberry』에는 미국에서 자신이 한국인이라는 사실을 굳이 강조할 생각이 없는 한국인 이민 2세 소녀 줄리아가 주인공으로 등장합니다. 줄리아는 엄마가 과학 과제로 누에를 길러보지 않겠냐고 제안하자 처음에는 못마땅해 합니다. 반면 줄리아의 단짝인 백인 친구 패트릭은 멋진 아이디어라고 좋아하는데요, 우여곡절 끝에 결국 누에를 기르기로 한 두 친구는 마을에서 뽕나무를 갖고 있는 흑인 아저씨의 도움으로 누에를 키우게 됩니다. 이 책은 문화적, 인종적 차이를 지닌 소년 소녀가 서로를 이해하고 우정을 키워 나가는 이야기를 흥미롭게 풀어낸 소설로 이민 2세 소녀의 입장이 되어 뿌리와 정체성을 생각해 보게 합니다.『뽕나무 프로젝트』를 읽고 다음 질문에 대해 함께 토론해 봅시다. 책의 초반부에 줄리아는 "나는 멋지고 평범한 미국 특성이 잘 드러나는 프로젝트를 원했다."라고 말하는데(p. 35), '줄리아는 왜 이런 말을 했을까? 처음에는 왜 누에 프로젝트 아이디어를 좋아하지 않았을까?'

## 06
# 마거릿 와이즈 브라운 (Margaret Wise Brown: 1910~1952)

(Kanaga, n.d.).

마거릿 와이즈 브라운(Margaret Wise Brown)은 1910년 미국 뉴욕에서 태어난 미국의 동화작가입니다. 그녀는 기존에 볼 수 없었던 새로운 스타일의 이야기를 선보였고 이러한 이야기는 많은 삽화가들에게도 영감을 주어 그녀의 주옥같은 작품들은 미국의 아동문학계에 신선한 충격을 주기도 하였습니다. 1930년대부터 그녀가 작품을 발표하기 이전까지의 미국의 그림책은 동화나 우화가 대다수를 이루고 있었는데요, 마거릿 와이즈 브라운은 이전의 어떠한 작가들도 이루어 내지 못한 이야기, 아이들의 눈높이에서 아이들이 좋아하는 이야기를 자신만의 독특한 위트로 표현하였습니다. 안타깝게도 42살이라는 젊은 나이에 예기치 않은 죽음을 맞이했지만 그 짧은 생애 동안 훌륭한 작품들을 많이 남겼으며 전설적인 아동작가로 불리며 아직도 널리 사랑받고 있습니다.

영문학을 전공하고 교사로도 일했으며 미술을 공부하기도 한 그녀는 특히 동물을 사랑해 그녀의 작품에 등장하는 캐릭터는 대부분 동물로 이루어져 있습니다. 또한 그녀의 이야기들은 반복된 리듬을 통해 듣는 이에게 마음이 평온해지게 하고 친숙함을 선사하기도 합니다.

그녀의 대표작인 『잘 자요 달님 Goodnight Moon』은 미국 부모들의 bedtime storybook의 필독서로 대부분의 부모가 소장하고 있는 작품입니다. 특히 삽화가 클레먼트 허드(Clement Hurd)의 그림들은 컬러와 흑백 그림이 한 장씩 교차된 기법으로 큰 이목을 끌었습니다. 이야기는 주인공인 아기 토끼가 잠들기 전에 방 안의 사물 하나하나에게 '잘 자'라고 다정스럽게 인사하는 단순한 내용이지만 의인화된 방 안의 사물 하나하나의 이미지가 이야기를 읽는 아이들에게 상상력을 불러일으킵니다. 자연스럽게 책을 읽는 아이도 꿈나라로 여행을 가게 만드는 마법 같은 힘을 가진 이야기이지요. '잘 자요 달님'은 2014년 E.B. White Read Aloud Award의 Picture Book Hall of Fame 명예의 전당 그림책 부문에 선정되기도 했습니다.

『잘 자요 달님 Goodnight Moon』에 이어 다시 삽화가 클레먼트 허드와 호흡을 맞춘 그녀의 또 다른 대표작 『엄마, 난 도망갈 거야 The Runaway Bunny』에서는 아기 토끼가 엄마에게 자기는 집을 떠나 엄마에게서 도망치겠다고 말합니다. 아기 토끼는 도망가기 위한 여러 가지 상황을 제시하는데요, 그러면 엄마는 어떤 상황이든 아기 토끼와 함께 있을 것이라고 답합니다. 예를 들면, "엄마가 쫓아오면 물고기가 되어서 헤엄쳐 갈 거예요"라고 아기 토끼가

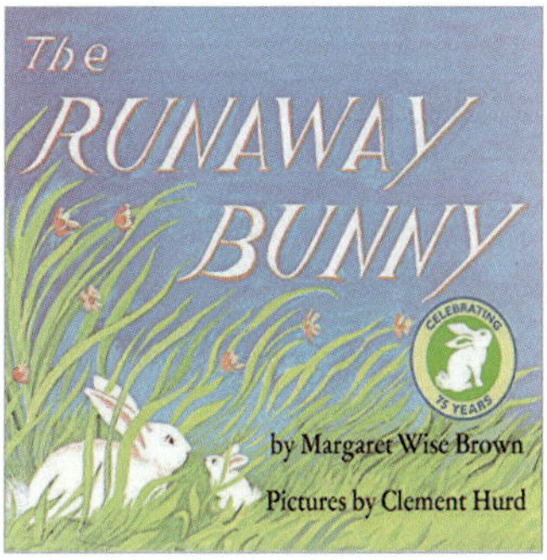


『엄마, 난 도망갈 거야 The Runaway Bunny』(Brown, 2017).

말하면 엄마는 상냥한 미소로 "괜찮아, 네가 물고기가 되면 어부가 되어서 너를 낚아서 다시 데려오면 되지"라고 말합니다. 혹은 "새가 되어서 날아가 버릴 거예요"라고 하면 엄마는 "괜찮아, 네가 새가 되면 네가 와서 쉴 수 있는 나무가 될 거야" 그리고 "돛단배가 되어 멀리 가 버리겠어요"라고 하면 엄마는 "괜찮아, 네가 돛단배가 되면 나는 바람이 되어 너의 갈 길을 인도할 거야"라고 말합니다. 무엇이 되어도 결국 엄마가 아기 토끼를 찾아내 함께 할 것이라고 하자 결국에는 아기 토끼가 "알았어요, 엄마. 그냥 엄마의 아기로 있을래요"라고 말하는 내용입니다. 가끔 엄마 아빠에게 혼나고 속상해하는 아이들도 이 이야기를 읽으며 '그래, 역시 엄마 품이 제일 좋지'라고 생각하게 만들어 줄 마음 따뜻한 이야기이지요.

왕성한 활동을 펼치던 그녀가 갑작스럽게 죽음을 맞았을 때 상당히 많은 양의 미발표 원고가 발견되었으며, 이 중 『The Moon Shines Down』은 그녀의 사망 후 56년 만인 2008년에 출간되기도 하였습니다. 이 밖에도 『The Important Book』, 『Big Red Barn』, 그리고 『The Noisy Book』, 『The Country Noisy Book』, 『The Seashore Noisy Book』, 『The Indoor Noisy Book』, 『The Quiet Noisy Book』 등의 Noisy Book 시리즈와 같은 그녀의 여러 작품들이 지금까지도 고전으로 널리 사랑받고 있습니다.

## 추천 활동

### 활동 1. 읽기 전 활동

**예측하기**

『엄마, 난 도망갈 거야 The Runaway Bunny』를 읽기 전, 자녀에게 이 이야기는 엄마에게서 도망치고 싶어 하는 아기 토끼에 관한 것이라고 말해 주고, 아기 토끼에게 무슨 일이 일어날지 예측해 보게 합니다.

### 활동 2. 읽기 후 활동

**방 안의 친구들에게 Good night 인사하기**

자녀에게『잘 자요 달님 Goodnight Moon』을 읽어준 후, 방 안에서 인사하고 싶은 친구들을 고르라고 합니다. 숫자는 아이가 원하는 대로 정하게 합니다. 그러고 나서 이야기 속 주인공 토끼가 한 것처럼 아이에게 자신이 고른 친구들에게 하나하나 "Good night!" 인사를 해 보라고 합니다.

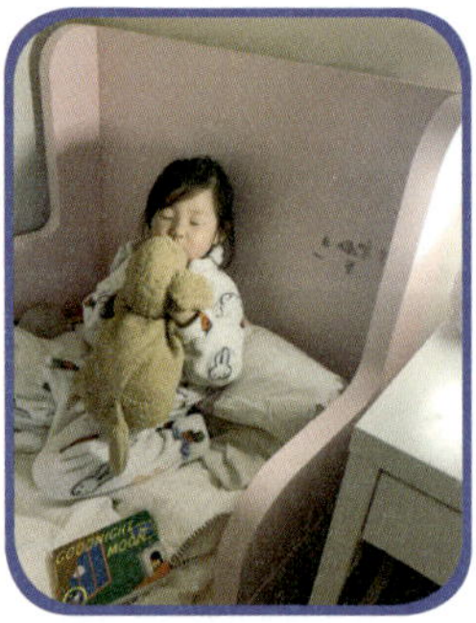

### 활동 3. 읽기 후 활동

**역할극하기**

『엄마, 난 도망갈 거야 The Runaway Bunny』 이야기 속 아기 토끼는 엄마로부터 도망가기 위한 여러 가지 상황을 제시합니다. 자녀에게 아기 토끼가 제시한 상황 중에서 어느 것이 가장 재미있는지 골라보게 합니다. 그리고 그 대사를 가져와 아이와 함께 엄마 토끼와 아기 토끼로 나누어 역할극을 해 봅니다.

# 07
# 에릭 칼
# (Eric Carle: 1929~)

(Gipe, 2019).

에릭 칼(Eric Carle)은 1929년 뉴욕에서 출생한 전 세계에서 큰 사랑을 받는 미국의 동화작가이자 삽화가입니다. 아마도 우리나라에서도 미국의 가장 유명한 그림책 작가를 고르라고 하면 많은 이들이 그를 꼽을 정도로 널리 알려져 있습니다.

여섯 살 때 가족과 함께 독일로 이주해 독일의 슈투트가르트 조형미술대학을 졸업했으며, 이후 미국으로 돌아가 뉴욕 타임스에서 그래픽 디자이너로 일했으나 이후 작가 빌 마틴 주니어(Bill Martin Jr.)를 만나 일러스트를 맡으며 동화작가로 활동하게 됩니다. 빌 마틴과 함께 작업한 『갈색 곰아, 갈색 곰아, 무엇을 보고 있니? Brown Bear, Brown Bear, What Do You See?』를 발표하며 큰 주목을 받았습니다.

이후 에릭 칼은 자신만의 이야기를 쓰기 시작했고 가장 유명한 그림책으로 꼽히는 그의 대표작 『배고픈 애벌레 The Very Hungry Caterpillar』를 1969년 출간했습니다. 이 책은 60여 개국 언어로 번역되어 전 세계 어린이로부터 사랑받고 있습니다. 그의 작품이 특이한 것은 에릭 칼이 자신만의 독특한 콜라주 기법을 사용한다는 점인데요, 자신만의 패턴으로 색을 입힌 종이를 활용해 자르고 겹쳐서 밝고 화려한 이미지를 형성합니다. 기존의 콜라주 작품들과 달리 소재나 공정 면에서 매우 독창적이기 때문에 그의 작품은 독특하고 즉시 알아볼 수 있습니다. 그의 작품의 밝고 선명한 색채들은 아이들의 순수한 호기심을 잘 표현하며 아이들의 상상력을 자극한다는 평을 받고 있습니다.

이야기의 주제는 그의 광범위한 지식과 자연에 대한 사랑에서 비롯되는데 이는 대부분의 어린아이들이 공유하는 관심사이기도 합니다. 그가 만든 책은 재미있을 뿐만 아니라 어린 독자들에게 주변 세계에 대해 배울 수 있는 기회를 제공합니다.

에릭 칼은 자신의 홈페이지(https://eric-carle.com/)에서 그의 70여 편의 작품뿐만 아니라 작품들을 활용할 수 있는 다양한 활동들까지 소개하고 있어 자녀들과 함께 그의 홈페이지를 방문해 여러 가지 활동을 해 보실 것을 권합니다.

그중 몇 가지를 소개해 보면, Resources의 'HOW I PAINT TISSUES'에는 그의 독특한 콜라주 기법으로 그림책을 만드는 과정이 사진과 함께 소개되어 있습니다. 또한 Resources의 'DOWNLOADS AND ACTIVITIES'에서는 많은 그림책의 색칠 연습을 할 수 있는 다양한 컬러링 페이지를 접할 수 있습니다.

그의 홈페이지와 함께 유튜브에서는 에릭 칼이 『배고픈 애벌레

The Very Hungry Caterpillar』에 대해 직접 이야기해 주는 영상도 만나 볼 수 있는데요, 2009년 출간 40주년을 기념하며 들려주는 약 5분 길이의 기념 영상[2] 에서는 직접 이야기의 일부를 읽어 주기도 하고 자신만의 독특한 콜라주 기법의 제작 과정을 보여주기도 합니다.

그리고 2019년 출간 50주년을 기념하는 2분 남짓한 기념 영상[3] 에서는 아동작품에서는 어디서 영감을 얻는지가 중요하다며 자신이 어디서 영감을 얻어 『배고픈 애벌레 The Very Hungry Caterpillar』가 시작되었는지에 대해 소개합니다. 해당 영상에서 그는 『배고픈 애벌레 The Very Hungry Caterpillar』가 이토록 널리 사랑 받은 이유는 보잘것없는 작은 애벌레가 아름답고 화려한 나비로 성장하는 것을 보며 아이들에게 희망을 주기 때문이라고 말합니다.

---

2) https://www.youtube.com/watch?v=vYG1tLt5GCQ

3) https://www.youtube.com/watch?v=vYwE8qALm9M

**추천 활동**

### 활동 1. 읽기 후 활동

**보이는 것 말해 보기**

『갈색 곰아, 갈색 곰아, 무엇을 보고 있니? Brown Bear, Brown Bear, What Do You See?』라고 물으면 "I see a red bird looking at me.(나를 바라보는 빨간 새를 보고 있어.)"라고 답하고, 이어서 빨간 새에게 무엇을 보고 있느냐고 묻고 노란 오리, 파란 말, 초록 개구리, 보라색 고양이, 하얀 개, 검은 양을 보고 있다고 같은 패턴으로 답합니다. 예를 들어 자녀의 이름을 부르며 "Amy, Amy, what do you see?"라고 물으면, 자녀는 I see 다음에 자신을 보고 있는 것을 더해서 "나를 바라보는 구름을 보고 있어. I see a cloud looking at me." "나를 바라보는 고양이를 보고 있어. I see a cat looking at me."와 같이 답해 보도록 합니다. 답을 한 후에는 자녀에게 "Dad(Mom), what do you see?"라고 물어보게 하고, 아빠(엄마)가 보고 있는 것으로 답을 이어가며 자녀가 '무엇을 보고 있니?'와 '~을 보고 있어.' 라는 표현을 자연스럽게 연습하도록 합니다.

### 활동 2. 읽기 후 활동

**나비의 한살이(life cycle) 알아보기**

『배고픈 애벌레 The Very Hungry Caterpillar』를 읽고 4개의 원이나 네모를 그리고 숫자 1, 2, 3, 4를 적습니다. 나비의 알, 애벌레, 고치 속의 애벌레, 나비 그림을 골라 순서대로 원이나 네모를 채워 보게 합니다. "hungry caterpillar life cycle activities"라는 검색어로 검색하면 무료로 제공하는 다양한 나비의 life cycle 활동지를 쉽게 찾을 수 있습니다. 이들 활동지를 활용해 나비가 알에서 애벌레가 되고 번데기가 되고 나비로 탈바꿈하는 과정에 대해 자녀들과 함께 이야기 나누어 봅니다.

# 08

## 케이트 디카밀로 (Kate Dicamillo: 1964~)

(Candlewick Press, n.d.).

케이트 디카밀로(Kate Dicamillo)는 미국 펜실베이니아에서 태어나 영문학을 공부하였고 현재는 미네소타에 거주하며 활발한 작품 활동을 하고 있는 아동작가입니다. 2001년 『내 친구 윈딕시 Because of Winn-Dixie』로 뉴베리 우수상을 수상한 후 한 번도 받기 어려운 뉴베리 메달을 두 번 수상한 6명의 저자 중 한 명입니다. 2004년 『생쥐 기사 데스페로 The Tale of Despereaux』로 수상하고 10년 뒤인 2014년 『초능력 다람쥐 율리시스 Flora & Ulysses: The Illuminated Adventures』로 두 번째 뉴베리 메달을 수상했습니다.

또 다른 대표작인 『에드워드 툴레인의 신기한 여행 The Miraculous Journey of Edward Tulane』은 2006년 뉴베리와 함께 또 다른 권위 있는 아동문학상인 보스턴 글로브 혼북상(Boston Globe-Horn Book)을 수상하였고 그 외 많은 작품들이 다수의 아동

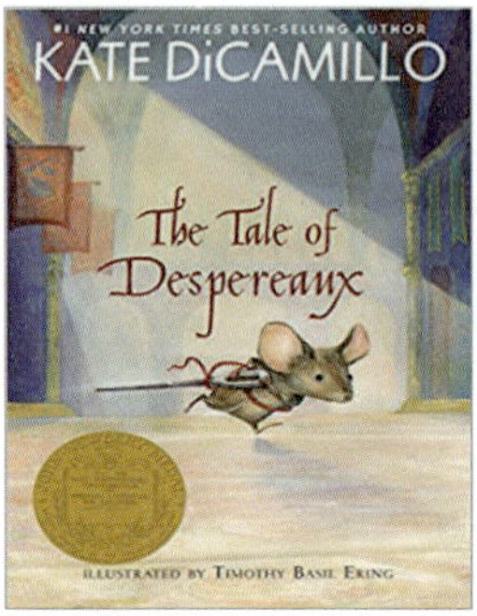



『생쥐 기사 데스페로 The Tale of Despereaux』 (DiCamillo, 2015).

문학상을 수상하였습니다.

2004년 뉴베리 메달 수상작인『생쥐 기사 데스페로 The Tale of Despereaux』는 인간 공주를 사랑한 작고 귀여운 생쥐 기사의 이야기입니다. 태어날 때부터 특별했던 생쥐 데스페로는 비록 작은 몸집이지만 사랑하는 공주를 위해서는 그 누구보다 용감하여 공주를 구해낸다는 판타지 장르의 작품입니다. 인간 공주와 사랑에 빠지는 생쥐 이야기라는 독특한 설정 외에도 생쥐와 빛에 매료된 시궁쥐, 공주와 아버지로부터 버림 받고 공주가 되고 싶다는 꿈을 꾸는 하녀 소녀 등 매우 독특한 등장인물들이 대조적으로 묘사됩니다. '생쥐 기사 데스페로'의 또 한 가지 주목할 점은 이야기 형식인데요, 화자는 "Honestly, reader, what do you think of this?"와 같이 직접 "독자여"라고 자주 부르며 퀴즈 형식으로 질문을 하기도 하고 어린이 독자들에게 이야기를 전달하면서 직접 설명을 해 주는 방식을 취하고 있습니다. 이처럼 케이트 디카밀로의 작품들은 소재 면에서나 형식 면에서 매우 특이하여 한번 책을 읽기 시작하면 내려놓기 어려운 흥미로운 이야기라고 알려져 있습니다.

『에드워드 툴레인의 신기한 여행 The Miraculous Journey of Edward Tulane』은 아주 흥미로운 토끼 인형의 이야기입니다. 이 작품은 특히 다양한 색의 삽화들이 이야기에 또 다른 즐거움과 맛을 선사하는데요, 삽화의 묘미를 즐길 수 있도록 자녀에게 흑백으로만 볼 수 있는 paperback이 아닌 hardcover를 구매해 주실 것을 권합니다. 에드워드는 인형의 주인인 애빌린(Abilene)의 할머니가 생일 선물로 준 도자기로 만들어진 토끼 인형입니다. 이 토끼 인형은 애빌린에게 많은 사랑을 받으며 살지만 당연한 것으로 여기고 고마워할 줄 모르는데요, 애빌린의 가족 여행 중 소년들의 장난에 의해 바다로 내던져지며 애빌린과 이별하게 되고 에드워드의 외롭고 힘든 긴 여행이 시작됩니다. 297일만에 어부에 의해 건져지지만 그 이후로도 에드워드는 떠돌이, 병에 걸린 소녀 등 여러 주인을 만나며 파란만장한 사건을 겪게 됩니다. 오랜 시간에 걸쳐 많은 어려움을 겪으며 토끼 인형 에드워드는 비로소 진정한 사랑이 무엇인지 알게 되고 자신을 진정으로 사랑해 주던 애빌린을 그리워하게 됩니다. 케이트 디카밀로는 에드워드의 이야기를 통해 진정 누군가를 사랑한다는 것은 사랑하는 사람의 말에 귀 기울일 줄 알아야 한다는 메시지를 전합니다.

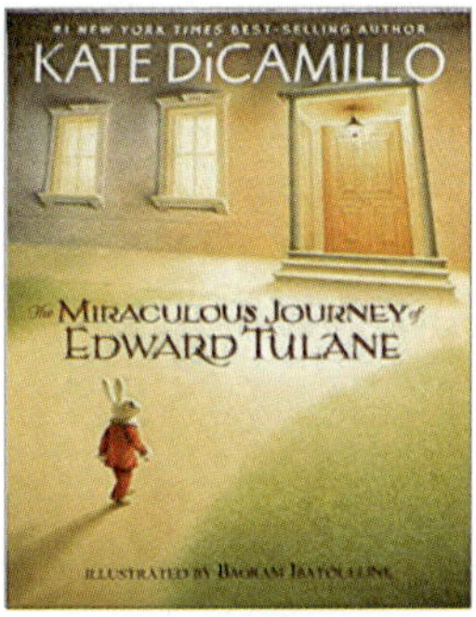


『에드워드 툴레인의 신기한 여행 The Miraculous Journey of Edward Tulane』(DiCamillo, 2015).

디카밀로는 스스로를 스토리텔러라고 부르고 이야기를 해 주는 직업을 갖고 있어 행복하다고 말하는데요, 자기처럼 작가가 되려는 꿈을 꾸는 이들에게 다음과 같은 6가지의 조언을 제시합니다.

- Write: 작가가 되려면 한 문단이 되었건, 한 페이지 혹은 두 페이지이건 매일매일 글을 써라.
- Rewrite: 쓴 글을 끊임없이 다시 쓰고 고쳐 쓰는 작업을 해야 한다.

- Read: 판타지, 전기, 위인전, 시 등 장르를 불문하고 꾸준히 글을 읽어야 한다.
- Look: 주위를 둘러보라. 마음을 열고 작은 부분까지 주목해서 보아야 한다.
- Listen: 다른 사람들의 이야기에도 귀 기울여라.
- Believe in Yourself: 이야기를 하는데 정해진 정답이 있는 것은 아니다. 스스로를 믿고 격려하며 자신의 방식으로 이야기를 나누어라.

특이하지 않은 보편적인 충고이지만 글쓰기에 관심을 갖는 자녀가 있다면 이 조언을 나누기를 권합니다.

그녀의 대표작은 챕터북 소설이지만, 그림책, 그리고 특이하게도 리더스북(easy chapter book) 작품도 여럿 발표하였습니다. 그중 『머시 왓슨의 드라이브 Mercy Watson Goes for a Ride』는 2007년 가이젤 우수상을 수상하였으며, 단짝 친구의 이야기 『빙크와 골리 Bink and Gollie』는 2011년 가이젤 메달을 수상하기도 했습니다.

## 추천 활동

### 활동 1. 읽기 전 활동

**예측하기**

『생쥐 기사 데스페로 The Tale of Despereaux』를 읽기 전, 자녀에게 책 표지에 등장하는 데스페로의 모습을 보고 왜 바늘을 붉은색 실로 매달고 있는지 추측해 보게 합니다. 또한 어떤 모험의 세계가 데스페로의 앞날에 펼쳐질지 상상하며 함께 이야기해 봅니다.

### 활동 2. 읽기 후 활동

**이야기 속 사건을 순서대로 나열하기**

『에드워드 툴레인의 신기한 여행 The Miraculous Journey of Edward Tulane』 이야기 속 에드워드의 여러 주인들과 상황을 여섯 개의 메모지에 하나씩 적은 후 섞습니다. Abilene on Egypt Street(이집트가의 애빌린), Sailing Trip on Queen Mary(퀸메리호의 선상 여행), Old Fisherman(나이 든 어부), Hobo and His Dog(떠돌이와 그의 개), Bryce and Sarah Ruth(브라이스와 사라 루스), Lucius Clarke's Shop(루시우스 클라크 장난감 가게) 이야기를 읽은 후 자녀에게 여섯 개의 메모지에 에드워드의 여러 주인들과 상황을 순서대로 나열해 보게 합니다.

# 09
## 로알드 달
## (Roald Dahl: 1916~1990)

(Roald Dahl, 1971).

"20세기 어린이들을 위한 가장 위대한 스토리텔러" 중 한 명으로 불리는 로알드 달(Roald Dahl)은 노르웨이인 부모 사이에서 태어나 영국에서 성장한 영국의 소설가입니다. 1983년 World Fantasy Award for Life Achievement와 1990년 British Book Awards에서 올해의 어린이 작가상을 수상하기도 한 로알드의 작품들은 유머로 가득 차 있어 20세기 아이들에게 가장 사랑받은 작가라고 불리기도 합니다.

로알드는 17편의 아동 소설을 출간하였는데요, 그의 작품들은 대부분 아이의 관점에서 쓰여졌다는 특징을 가지고 있습니다. 그의 이야기 다수에서는 주인공 어린이와 어린이를 학대하는 악당인 어른이 등장하고 이 악당에 대응하는 좋은 어른이 등장하는데 그의 대표작 중 하나인 『마틸다 Matilda』도 그러한 특징을 가지고 있습니다. 주인공 마틸다는 세 살 때부터 글을 깨우치고 찰스 디킨스와 제인 오스틴, 헤밍웨이 등 어른들을 위한 고전을 읽을 수 있을 뿐만 아니라 수학도 몇 자릿수를 암산으로 할 수 있는 천재입니다. 하니(Honey) 선생님은 마틸다의 천재성을 발견하고 그녀를 따뜻하게 인도해 주는 좋은 어른인 반면 트런치불(Trunchbull) 교장 선생님은 심술궂은 선생님입니다. 마틸다의 부모님은 그녀의 천재성을 이해해 주지 못하지만 하니 선생님은 마틸다의 재능을 마틸다에게 알려주고 사랑을 베풀어 줍니다. 이야기 결말에 마틸다의 부모님은 스페인으로 가게 되는데 마틸다는 부모님의 허락하에 하니 선생님과 살게 됩니다. 이 작품은 영화로도 제작되어 널리 알려졌습니다.

『마틸다 Matilda』 (Dahl, 2013).

로알드는 단어를 갖고 장난을 하고 새로운 것을 창조하는 것을 좋아해서 500개 이상의 새로운 단어를 만들어내기도 했는데요, 그가 만든 신조어들을 Gobblefunk라고 부르기도 합니다. 그가 만든 신조어 중 몇 가지를 예로 소개하면 『The BFG』에서는 'hopscotchy'가 '쾌활한(cheerful)'이라는 의미로, 'squibbling'은 '글쓰기(writing)'로 사용되기도 했습니다. 로알드는 아이들이 그의 작품을 읽다가 지루해지지 않도록 이 신조어들을 만들었다고 밝혔는데요, 그의 출생 100주년을 기념해 2016년 옥스퍼드대 출판부는 옥스퍼드 로알드 달 사전을 출간하였으며, BBC 역시 100주년을 기념해 Gobblefunk 중 10대 단어를 선정하였습니다.[4)]

---

4) (Roald Dahl Dictionary: 10 of Our Favourite Gobblefunk Words, 2016).

그의 대부분의 작품은 영국 출신의 동화작가이기도 한 삽화가 퀀틴 블레이크(Quentin Blake)의 유머러스한 그림들이 더해져 독특함을 선사합니다. 삽화가 퀀틴이 로알드 달을 장난기 많은 어른이라고 묘사하는 것을 보아도 로알드 달이 얼마나 유머러스한 사람이었는지를 알 수 있지요.

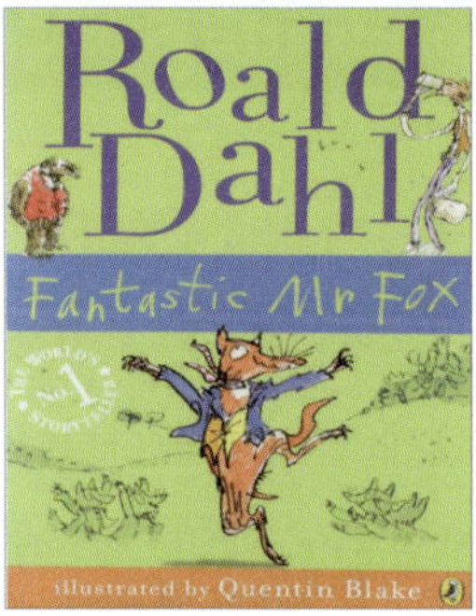

『멋진 여우 씨 Fantastic Mr. Fox』 (Dahl, 2007).

로알드 달은 자신의 정원 오두막에서 대부분의 책을 집필하였으며 6개의 잘 깎인 연필로 글을 쓰는 모습이 널리 알려진 바 있습니다. 그의 이야기와 캐릭터들은 주변 사람들과 장소에서 영감을 얻은 것이라고 하는데요, 예를 들어 『찰리와 초콜릿 공장 Charlie and the Chocolate Factory』 이야기도 자신의 어린 시절에서 영감을 받았으며, 『멋진 여우 씨 Fantastic Mr. Fox』에 나오는 여우의 집은 자신의 집 앞 거대한 나무에서 영감을 받았고, 『The BFG』의 주인공 중 하나인 소피(Sophie)는 첫 손녀의 이름이라고 하네요.

그가 쓴 최초의 어린이책은 『그렘린 The Gremlins』으로 그렘린이라는 장난꾸러기 작은 생명체들이 비행기에 문제를 일으키는 이야기인데요, 스티븐 스필버그 감독이 영화로 제작해 많은 인기를 얻기도 했습니다. 또한 대표작 중 '찰리와 초콜릿 공장'과 '제임스와 거대한 복숭아', 그리고 '마틸다' 역시 영화로도 만들어져 전 세계 어린이들로부터 많은 사랑을 받고 있습니다.

로알드 달의 공식 홈페이지(https://www.roalddahl.com/)에서는 마틸다 등 그의 작품의 등장인물들 그려보기와 그의 작품과 관련된 다양한 활동들을 소개하고 있어 로알드 달의 팬이라면 자녀와 함께 방문해 보시기를 권합니다.

## 추천 활동

### 활동 1. 읽기 중 활동

**연극하기**

로알드 달의 작품 중 희곡(play)으로 각색한 작품을 활용해 자녀와 함께 연극을 해 봅시다. 여러 작품 중 리처드 조지(Richard George)가 각색한 『James and the Giant Peach: A Play』를 추천합니다. 비교적 대사 분량이 많은 내레이터 역은 엄마나 아빠가 맡고, 자녀들은 주인공 제임스(James)와 Grasshopper, Silkworm, Centipede, Spider, Ladybird, Earthworm 등의 역할을 고르게 합니다. 8막의 연극을 배역을 바꾸어 가며 할 수도 있고 상자 등을 활용해 무대 의상을 만드는 팁도 희곡 뒷부분에 소개되어 있어 이를 함께 만들어 연극에 활용할 수 있습니다. 가능하다면 자녀들과 함께 시간을 두고 준비해서 연극 무대를 만들어 봅시다.

### 활동 2. 읽기 후 활동

**하니 선생님과 트런치불 교장 선생님의 성격 묘사하기**

『마틸다 Matilda』를 읽고 자녀와 함께 lazy, rude, kind, caring, clever, cruel, mean, nice, scary, selfish와 같이 성격을 묘사하는 단어들을 플래시 카드로 만들어 봅니다(자녀의 수준에 따라 nasty, bossy 등을 더할 수 있습니다). 하니 선생님과 트런치불 교장 선생님을 그리고 각 캐릭터 옆에 플래시 카드를 놓을 수 있는 네모를 그려 놓습니다. 자녀의 수준에 따라 2개에서 4개의 네모를 그려 네모 안에 성격을 묘사하는 플래시 카드를 놓아보게 합니다. 그림 그리기를 어려워하거나 좋아하지 않는 자녀의 경우, 간단한 표를 만들어 색으로 장식하고 플래시 카드를 넣어보게 하거나, 글을 쓸 수 있는 자녀는 성격의 특징을 글로 써 보게 하는 등 다양한 방법으로 활동을 진행할 수 있습니다.

# 10

# 앤서니 브라운 (Anthony Browne: 1946~)

(Walker Books, n.d.).

앤서니 브라운(Anthony Browne)은 영국에서 태어난 영국의 동화 작가이자 삽화가입니다. 그는 현대 사회의 단면을 그만의 독특한 해석과 스타일로 표현하며 전 세계 많은 이들의 사랑을 받고 있으며 특히 한국에도 넓은 층의 팬을 갖고 있는 작가 중 한 명입니다.

그는 1983년 『고릴라 Gorilla』와 1992년 『동물원 Zoo』으로 영국의 칼데콧상이라고 여겨지는 케이트 그린어웨이 메달(Kate Greenaway Medal)을 두 번이나 수상하였습니다. 이 외에도 『Alice's Adventures in Wonderland』(1988), 그리고 『Voices in the Park』(1998)는 Kurt Maschler Emil Award를 수상하기도 하였고, 2000년에는 아동문학에 대한 공로를 인정받아 그림책 작가로서는 최고의 영예인 한스 크리스티안 안데르센상(Hans Christian Andersen Award)을 받은 최초의 영국 아동작가로 선정되었습니다. 앤서니 브라운은 또한 2009년 영국의 여섯 번째 Children's Laureate, 즉 영국 계관 아동문학가에 임명되었는데 이는 훌륭한 업적을 기리기 위해 2년에 한 번 뛰어난 작가나 삽화가에게 수여하는 직책입니다.

대학에서 그래픽 디자인을 전공하고 의학 전문 일러스트레이터의 경력도 갖고 있는 앤서니 브라운의 그림은 매우 사실적인 동시에 때로는 초현실주의적 표현 기법도 포함하고 있는데요, 그의 작품들은 이러한 기법에 다양한 상징과 비유, 풍자가 더해져 그만의 독특한 그림책 장르를 이루어 냈다는 평을 받고 있습니다.

그는 인터뷰에서 아이들이 자신의 책을 읽으면서 우울하거나 불안을 느끼지 않기를 바란다고 하면서 가끔 아이들이 좋아하는 어둡고 무서운 이야기를 넣기도 하지만 결말은 항상 행복하게 열려 있다고 말합니다. 또한 그는 아이와 그림책을 볼 때에는 그림책에 숨어 있는 많은 이야기를 찾아내고 그림 속에 어떠한 상징들이 있는지 함께 살펴보라고 권합니다.

그의 그림책에는 침팬지와 고릴라가 자주 등장하는데요, 침팬지 윌리(Willy)는 『Willy the Dreamer』, 『Willy the Wimp』, 『Willy and Hugh』, 『Willy the Champ』 등 그의 윌리 시리즈에서 다양한 모습으로 만나볼 수 있습니다. 윌리는 멋진 주인공이 아닌 겁쟁이이며 소심한 모습을 하고 있습니다. 앤서니는 소심한 침팬지 윌리가 자신의 어린 시절과 닮았다며 약간 부족해 보이는 윌리가 기죽지 않고 자기만의 방식으로 문제를 해결하는 모습을 통해 아이들에게 용기를 주고 싶다고 합니다.

윌리가 그의 어린 시절을 보여준다면, 그의 작품 속의 또 다른 단골 등장인물인 고릴라는 그의 아버지를 닮았다고 하는데요, 고릴라는 힘이 센 동물이지만 새끼를 자상하게 챙긴다는 점에서 자상하고 따뜻한 아버지를 생각나게 한다며 고릴라를 아버지로 그렸다고 합니다. 그의 작품 '고릴라'의 주인공 한나는 고릴라를 좋아해서 책이나 TV에서 고릴라를 보고 그림도 그리지만 실제로 고릴라를 본 적이 없는 여자아이입니다. 아빠가 너무 바빠서 고릴라를 보러 동물원에 갈 시간이 없기 때문이지요. 한나가 학교에 가기 전에 일을 가고 집에 와서도 일만 하는 아빠는 한나가 부탁을 하거나 물어보면, "Not now. I'm busy. Maybe tomorrow.(지금은 바빠서 안 된다. 내일 물어보렴.)"이라고 하지만 다음 날이 되어도 주말이 되어도 한나의 부탁을 들어주지 않습니다. 그러던 한나에게 생일 전날 꿈같은 일이 일어나는데요, 아빠 코트를 입은 고릴라와 동물원으로 가서 고릴라도 보고 영화도 함께 보고 잔디밭에서 춤도 추며 그동안 아빠와 하고 싶었던 일들을 모두 해보며 행복한 시간을 보내게 됩니다. 다음날 한나가 아빠에게 어젯밤 이야기를 하려고 하는데 아빠가 "생일 축하한다. 동물원에 갈까?"라고 말합니다. 아빠와 함께 행복하게 집을 나서는 한나의 손에는 고릴라 인형이 들려 있습니다.

앤서니 브라운의 또 다른 주요 주제는 가족인데요, 『My Mom』, 『My Dad』, 『My Brother』 등과 같은 작품들을 통해 가족을 그리고 있습니다. 엄마는 굉장한 요리사이며 무엇이든 자라게 하는 마법의 정원사이자 나비처럼 아름답고 새끼 고양이처럼 부드럽기도 하다가 때로는 코뿔소처럼 강하기도 한 슈퍼맘으로 묘사됩니다. 아빠는 거인과 레슬링을 해도 이기고 슈퍼맨처럼 무엇이든지 척척

해내는 세계 최고의 멋진 아빠로, 형은 나와 가장 가까운 친구로 그려집니다. '고릴라'에서도 대화와 소통이 부재하는 가족의 문제점을 빗대어 현대 가족 관계에 대한 근심을 드러낸 앤서니 브라운은 이들 가족을 그린 작품들에서 사랑과 배려로 맺어진 가족의 중요성을 표현하고 있습니다.

그림책을 만드는 일이 늘 행복하다며 아이를 존중하는 작가, 진실된 작가로 기억되고 싶다는 그는 앞으로도 오랫동안 그의 바람대로 나이와 국적을 떠나 어른과 아이 모두, 온 가족이 함께 즐길 수 있는 그림책의 작가로 존경받을 것으로 보입니다.

## 추천 활동

### 활동 1. 읽기 후 활동

**아빠의 특징을 나타내는 동물 고르기**

『우리 아빠 My Dad』 이야기 속에서 아빠는 여러 가지 동물로 묘사됩니다. 자녀에게 작가가 왜 그 동물을 선택했다고 생각하는지 질문해 봅니다. 그리고 이야기에 등장하는 동물 중 아빠의 특징을 잘 보여주는 동물이 있는지 선택하고 말해 보라고 합니다. Teaching Ideas는 영국의 교사들이 연령별, 학년별 다양한 활동을 공유하는 사이트인데, 여기서 제공하는 My Dad와 관련된 다양한 학습활동들을 자녀와 함께 해 볼 것을 권합니다.

* https://www.teachingideas.co.uk/library/books/my-dad
(*My Dad*, n.d.)

### 활동 2. 읽기 후 활동

**고릴라와 함께 하고 싶은 일 말하기**

어린이가 읽어주는『고릴라 Gorilla』이야기를 자녀와 함께 시청해 봅니다. 그리고 한나가 고릴라와 함께 했던 행동 중에서 자신도 해 보고 싶은 행동을 골라 보게 합니다. 한나에게 고릴라가 찾아온 것처럼 자녀에게도 고릴라가 찾아온다면 고릴라와 함께 무엇을 해 보고 싶은지 이야기 나누어 봅니다.

* https://www.youtube.com/watch?v=DsZn210fGWo
(My Five-a-Day Channel: Đoc Cùng Con. 2016)

# 제 3 장
# 주제별 추천

독자는 공상 소설을 통해 피터팬과 함께 네버랜드로 여행을 가기도 하고 오즈의 마법사를 만나기도 하며 무한한 상상의 세계를 여행합니다. 때로는 집단 따돌림 등의 사회문제를 주제로 하는 소설이나 용기, 협동과 경쟁 등 다양한 주제의 이야기들을 통해 자신을 돌아보기도 하고 친구를 어떻게 대해야 하는지도 배우게 됩니다. 이 장에서는 공상, 상상의 세계를 여행해 볼 수 있는 책들과 집단 따돌림과 같은 사회문제를 다룬 책들, 강아지와의 우정을 다룬 책들, 그리고 사랑을 전하는 밸런타인데이와 관련한 책들을 살펴보겠습니다.

## 01
# 공상, 상상의 세계

### 『만약에... If...』

『만약에... If...』 (Perry, 1995).

어린이들의 상상력을 돕는 그림책인 사라 페리(Sarah Perry)의 『만약에... If...』는 유치원생에서부터 초등학생까지, 심지어 어른들까지 모두 즐길 수 있는 유머와 위트가 넘치는 그림책입니다. 이 책을 읽어줄 때마다 박장대소하는 어린이들의 반응을 만날 수 있습니다. 조각가로도 유명한 사라 페리의 아동 작품으로 첫 작품이자 유일한 작품이기도한 『만약에... If...』는 왼쪽 백지에 글이 한 줄 적히고 오른쪽 페이지에 그에 해당하는 그림이 있습니다. 예를 들어 “고양이가 날 수 있다면(If cats could fly ...), 쥐가 머리카락이라면(If mice were hair ...), 달이 네모라면(If the moon were square ...), 발가락이 이빨이라면(If toes were teeth ...), 배추벌레가 치약이라면(If caterpillars were tooth paste ...)" 등의 기상천외한 가정들이 나열되고 있어 매 페이지를 넘길 때마다 어린이들의 탄성을 자아냅니다. 마지막 페이지에 "만약 이것이 마지막이라면... 계속해서 다른 상상을 해 보세요!(If this is the end ... Then dream up some more!)"라고 마무리 짓고 있어 독자들에게 계속 나름대로의 상상을 이어갈 것을 권하고 있습니다. 자녀들과 함께 꼭 한번 읽어보라고 권하고 싶은 책입니다.

### 『클라라의 환상여행 Clara and Asha』

『클라라의 환상여행 Clara and Asha』
(Rohmann, 2005).

2003년 칼데콧 메달 수상작인 『날마다 말썽 하나 My Friend Rabbit』의 저자인 에릭 로만(Eric Rohmann)의 그림책 『클라라의 환상여행 Clara and Asha』는 클라라와 특별한 친구들의 우정 이야기입니다. 에릭 로만은 우정과 상상의 세계 속 친구들을 주제로 어린이들의 상상력을 키워주는 작품들을 꾸준히 발표해 왔는데, 이 작품도 주인공 소녀 클라라가 공원에서 만난 비밀친구 물고기 애샤를 집으로 데려와 함께 즐거운 시간을 보낸다는 내용입니다. 미술을 전공한 화가이기도 한 저자의 아름다운 그림이 어린이들을 상상의 세계로 이끕니다. 특히 클라라가 애샤와 함께 하늘을 날고 눈이 쌓인 언덕에서 노는 장면은 비록 현실감은 없더라도 책을 읽는 어린이들에게 커다란 즐거움을 선사합니다.

### 『집으로 돌아가는 길 The Way Back Home』

『집으로 돌아가는 길 The Way Back Home』 (Jeffers, 2008).

올리버 제퍼스(Oliver Jeffers)의 2007년작 『집으로 돌아가는 길 The Way Back Home』에서는 수납장에서 소형 비행기를 발견하고 우주로 날아가다가 휘발유가 떨어지면서 달에 불시착하는 소년의 이야기가 나옵니다. 우주선의 엔진 고장으로 불시착한 화성인을 만나게 되고 둘은 어둠 속에서 서로를 발견하고 곧 친구가 됩니다. 서로 말은 통하지 않지만 몸짓과 그림으로 서로의 상황을 설명하고 결국 소년은 화성인 우주선의 엔진을 고쳐주고 화성인은 소년의 비행기에 휘발유를 넣어주며 무사히 서로의 고향으로 돌아갈 수 있게 됩니다. 소형 비행기로 우주로 가거나 밧줄을 통해서 산꼭대기에서 달까지 올라가는 등 어른이 보기에는 너무나 황당하지만 어린이라면 한번쯤 상상해 볼 수 있는 내용을 담고 있습니다.

## 02
## 집단 따돌림과 자폐증 등 사회문제

### 『백 벌의 드레스 The Hundred Dresses』

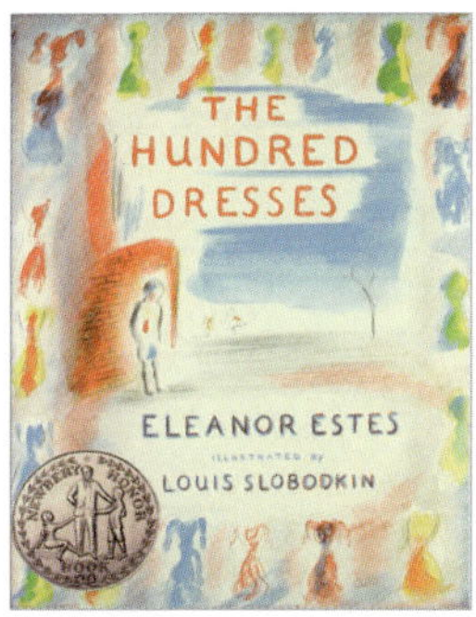

『백 벌의 드레스 The Hundred Dresses』 (Estes, 2004).

엘리너 에스테스(Eleanor Estes)의 1945년 뉴베리 우수상 수상작인 『백 벌의 드레스 The Hundred Dresses』는 친구들로부터 왕따에 시달린 새로 전학 온 소녀 완다의 이야기입니다. 낡고 해진 하늘색 원피스를 입고 매일 등교하던, 누구도 주목하지 않던 완다가 어느 날 화려한 빨간색 드레스를 입고 아이들에게 둘러싸여 부러움을 받던 페기를 보며 "나도 집에 똑같은 드레스 있는데."라고 작은 소리로 말합니다. 이를 들은 페기가 "집에 똑같은 옷이 있다고?"라고 다그쳐 묻자 완다는 집에 백 벌의 드레스가 있다고 말합니다. 그날 이후 페기는 완다에게 왜 다른 옷을 입고 오지 않느냐고 놀리기 시작합니다. 어느 날 선생님은 교내 그림대회의 우승자를 발표하는데 우승자는 바로 완다였습니다. 선생님은 그러나 슬프게도 완다가 학교에 적응하지 못해 다른 도시로 이사 갔다고 하시며 수상작을 보여줍니다. 우승작은 완다가 그린 백 벌의 드레스였는데 이 중 페기의 빨간 드레스와 똑같은 드레스가 있었습니다.

작가 엘리너는 어린 시절 실제로 완다와 같이 왕따를 당하는 친구가 있었으나 친구를 보호해 주지 못한 것에 대한 죄책감을 가지고 있었다며 이 책을 통해 어린 시절의 잘못도 빌고, 글을 읽는 독자로 하여금 따돌림에 저항할 수 있도록 격려하기 위해 글을 썼다고 밝힌 바 있습니다.

책을 읽고 나면 누군가를 말과 행동으로 따돌림을 시키는 것도 피해야 하지만, 부당하게 조롱당하는 친구를 보면서 잘못되었다고 생각하면서도 가만히 있는 것 역시 잘못임을 생각해 보게 합니다. 나는 무의식중에 누군가를 놀리고 괴롭히고 있지는 않은지 스스로를 돌아보게 하는 이야기입니다.

### 『고래기름 Blubber』

주디 블룸(Judy Blume)의 『고래기름 Blubber』는 아이들의 따돌림 문제를 실감 나게 다룬 작품입니다.

포유류를 다루는 수업 시간에 린다는 고래기름인 'Blubber'를 주제로 발표를 합니다. 그런데 반에서 여왕 노릇을 하는 웬디가 쪽지에 '고래기름은 통통한 린다에게 잘 어울리는 이름'이라고 써서 놀리자 아이들은 린다를 고래기름이라고 부르며 따돌리기 시작합니다. 이야기의 화자인 질도 웬디의 주동으로 린다를 따돌리는 상황에 동조해 린다를 놀립니다. 그러나 이야기의 마지막에서 질이 여왕 노릇을 하는 웬디에게 맞서며 자신이 따돌림의 대상이 됩니다. 따돌림을 하는 주체이다가 자신이 따돌림의 대상이 될 수도 있음을 생각해 보게 하는 이야기입니다.

『고래기름 Blubber』(Blume, 2014).

## 『고양이가 내 체육복을 먹어버렸어요 The Cat Ate My Gymsuit』

앰버 브라운 시리즈 등 다수의 아동문학을 집필한 파울라 댄지거(Paula Danziger)가 쓴 이 이야기는 재미있는 제목과는 대조적으로 "나는 아빠가 싫다. 학교도 싫다. 뚱뚱한 것도 싫다. 영어 선생님인 피니 선생님을 쫓아내려는 교장 선생님은 더더욱 싫다"와 같이 다소 거칠게 이야기가 시작됩니다.

『고양이가 내 체육복을 먹어버렸어요 The Cat Ate My Gymsuit』(Danziger, 2006).

뚱뚱하다고 놀림당하고 친구도 없는 주인공 마시는 체육 시간이면 짧은 반바지 체육복이 입기 싫어서 "고양이가 내 체육복을 먹어버렸어요"와 같은 황당한 이유를 대며 체육 시간에 참여하지 않습니다. 그러던 중 진심을 다해 자신에게 관심을 가져주는 영어 선생님인 피니 선생님을 만나며 처음으로 마음의 문을 열기 시작한 마시는 자신에게 무엇이 중요한지 생각해 보게 되고 자신이 믿는 것을 옹호할 수 있는 용기를 내게 됩니다. 자존감, 비만, 권위적인 교장 선생님이나 아버지와의 갈등과 같은 사춘기 주인공의 고민을 현실감 있게 표현한 작품입니다.

### 『규칙 Rules』

『규칙 Rules』 (Lord, 2008).

이 작품은 자폐증 남동생을 둔 열두 살 소녀 캐서린의 이야기입니다. 다른 친구들처럼 마음껏 이야기하고 신나게 뛰어놀고 싶지만, 자폐증이 있는 동생을 중심으로 모든 관심이 집중되는 상황이 캐서린은 속상하고 자신도 그저 다른 친구들처럼 평범하길 바랍니다. 캐서린은 남들과 같이 생각하고 행동할 수 없는 동생을 위해 특별한 규칙들을 정해서 계속 알려주고 가르쳐 줍니다. 예를 들어 "복숭아는 희한하게 생긴 사과가 아니야."라든가 "사람들 앞에서는 바지를 절대로 벗어서는 안 돼."와 같은 규칙들입니다.

캐서린은 어느 날 동생이 다니는 병원에서 언어 장애가 있는 제이슨을 우연히 만나 친구가 되면서 자신의 행동을 되돌아보게 됩니다. 책의 에필로그에서 저자 신시아 로드(Cynthia Lord)는 자신은 딸과 아들을 둔 두 아이의 엄마인데 아들이 자폐증을 앓고 있다고 밝히고, 어느 날 딸이 자신에게 왜 TV나 책에서는 우리 같은 가정이 안 나오느냐고 물었을 때 뭐라고 답을 해야 할지 몰랐다고 합니다. 저자는 나와는 다르게 세상을 보는 누군가와 함께 사는 경험을 통해 나 자신이 품었던 질문들에 대한 답을 구하는 마음으로 첫 작품인 『규칙 Rules』을 썼다고 말합니다.

2007년 뉴베리 우수상 수상작인 이 작품은 차이에서 오는 감정에 대해 솔직하게 표현하면서도 틀에 박힌 '규칙'을 넘어서는 관용의 메시지를 전합니다. 읽으면서 많은 생각을 하게 하는 작품입니다.

## 03
## 강아지와의 우정

### 『내 친구 윈딕시 Because of Winn-Dixie』

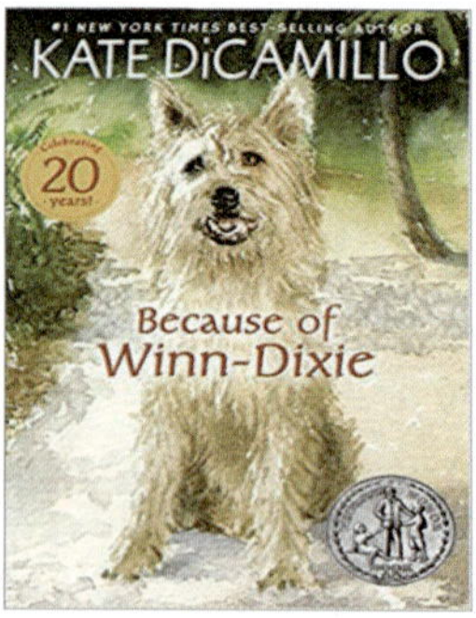

『내 친구 윈딕시 Because of Winn-Dixie』 (DiCamillo, 2015).

이 작품은 작가별 추천에서 소개한 뉴베리 메달을 두 차례나 수상한 작가 케이트 디카밀로의 작품으로 2001년 뉴베리 우수상을 받은 작품입니다. 주인공 인디언 오팔은 아버지와 함께 플로리다주의 나오미에 이사를 간 어느 여름날, 동네의 슈퍼마켓에서 주인 잃은 유기견을 만나게 됩니다. 마켓 안을 뛰어다니는 개를 잡아 데려가려는 것을 보고 오팔은 자신이 개의 주인이라고 말합니다. 이름이 무엇이냐는 질문에 순간 당황한 오팔은 마켓 이름인 윈딕시라고 답하고 개를 집으로 데려옵니다. 오팔은 온화하고 상냥한 윈딕시를 돌보며, 윈딕시 덕분에 엄마의 부재로 내면의 상처를 가진 자신을 치유할 뿐만 아니라 상처와 아픔을 가진 다른 이웃들과도 소통하고 아픔들을 극복해 간다는 성장 소설입니다. 이 작품 역시 영화로도 만들어졌는데, 자녀들과 책을 읽은 후 영화도 관람해 볼 것을 권하고 싶습니다.

## 『샤일로 Shiloh』

『샤일로 Shiloh』 (Naylor, 2000).

필리스 레이놀즈 네일러(Phyllis Reynolds Naylor)가 쓴 『샤일로 Shiloh』는 강아지를 사랑하는 소년의 마음이 잘 담긴 이야기로, 1992년 뉴베리 메달 수상작입니다. 11살 소년 마티가 집 뒤 언덕에서 비글 강아지를 발견하는데 첫눈에 좋아하게 됩니다. 저드 트래버스가 주인임이 밝혀지며 강아지는 저드에게 보내지지만 저드는 술을 너무 많이 마시고 강아지를 학대합니다. 학대를 당한 강아지는 마티에게 다시 도망쳐 옵니다. 마티는 강아지에게 샤일로라는 이름을 지어주고 보호해 주고자 샤일로를 숨겨주고 가족에게도 말하지 않은 채 몰래 키우게 됩니다. 샤일로를 학대로부터 구출하겠다는 마티의 적극적인 노력이 결국엔 저드도 변화시키고 마티는 샤일로를 반려견으로 입양하게 됩니다. 순수함과 믿음을 갖고 힘든 과정을 이겨내는 마티의 용기를 보며 아이들은 반려견과의 우정, 반려견을 키우기 위해 감당해야 하는 책임감 등 여러 가지를 생각해 보게 됩니다.

### 『천국에서 Up in Heaven』

『천국에서 Up in Heaven』 (Clark, 2003).

에마 치체스터 클라크(Emma Chichester Clark)의 『천국에서 Up in Heaven』은 노쇠한 개 데이지와 데이지를 키우는 소년 아서와의 우정을 다룬 작품입니다. 데이지는 나이가 들어 죽은 후에 천국에서 즐거운 시간을 보내지만 곧 주인이었던 아서를 걱정하게 됩니다. 아서의 꿈을 통해 자신이 잘 지내고 있다는 것을 보여주지만 아서는 여전히 데이지의 죽음에 슬퍼하고 있습니다. 결국 데이지는 아서에게 새로운 강아지 꿈을 꾸게 하고 비로소 아서는 부모님에게 새로운 강아지를 입양하고 싶다고 말합니다. 이 책은 반려동물이 사후 천국에서 행복하게 지내는 모습을 아름답게 표현함으로써 반려동물의 죽음이라는 다소 무겁고 우울한 주제를 아동문학의 성격에 맞게 잘 다루었고 반려동물을 잃은 아동에게 큰 위안을 주는 작품입니다.

## 04
# 밸런타인데이

### 『당신이 나의 밸런타인이 되어 준다면 If You'll Be My Valentine』

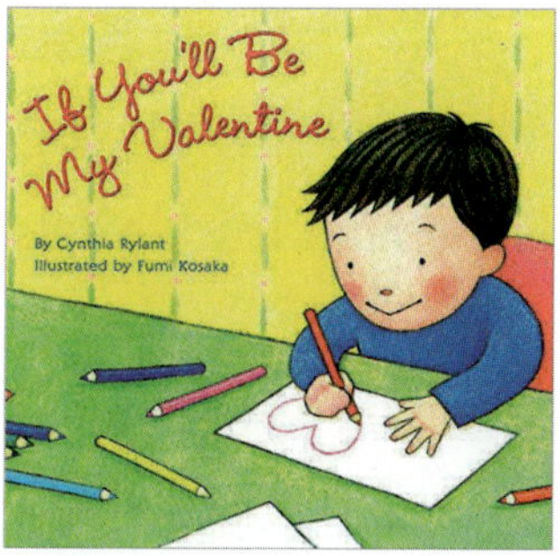

『당신이 나의 밸런타인이 되어 준다면 If You'll Be My Valentine』(Rylant, 2005).

이 작품은 『그리운 메이 아줌마 Missing May』로 뉴베리 메달을 수상하고 칼데콧 우수상도 여러 차례 수상하며 활발한 활동을 하고 있는 작가 신시아 라일런트의 그림책인데, 주인공 어린 소년이 할머니와 부모 등 자신의 가족뿐만 아니라 반려동물인 고양이와 강아지에게도 밸런타인 사랑 노래를 보내는 천진하고 따뜻한 느낌을 주는 이야기입니다.

## 『생쥐야, 즐거운 밸런타인이 되길! Happy Valentine's Day, Mouse!』

『생쥐야, 즐거운 밸런타인이 되길! Happy Valentine's Day, Mouse!』 (Numeroff, 2019).

오랜 기간 널리 사랑받아온 그림책 『만약에 당신이 생쥐에게 쿠키를 준다면 If You Give a Mouse a Cookie』의 저자 로라 뉴머로프(Laura Numeroff)의 밸런타인 이야기로, 주인공 생쥐가 춤을 잘 추는 돼지 친구와 멋진 예술가 큰 사슴 친구 등 그가 사랑하는 모든 친구들을 위해 정성껏 밸런타인 카드를 만듭니다. 보드북으로도 나와 있어 특히 나이 어린 유아들을 위해 밸런타인을 소개하기에 적절합니다.

## 『작은 파란 자동차의 밸런타인 Little Blue Truck's Valentine』

앨리스 셔틀(Alice Schertle)이 쓴 『작은 파란 자동차의 밸런타인 Little Blue Truck's Valentine』은 암탉에게는 보라색 점무늬 달걀 모양의 밸런타인 카드를, 말에게는 말굽이 그려져 있는 빨간 카드를, 그리고 돼지, 소, 오리, 양과 염소에게 꼭 맞는 카드를 배달해 줍니다. 배달을 끝내고 집에 돌아오니 밸런타인 카드를 선물받은 친구들이 깜짝파티와 함께 작은 파란 자동차에게 특별한 밸런타인 카드를 선사합니다. 아이들과 함께 색과 모양, 동물, 동물의 소리까지 함께 익힐 수 있습니다.

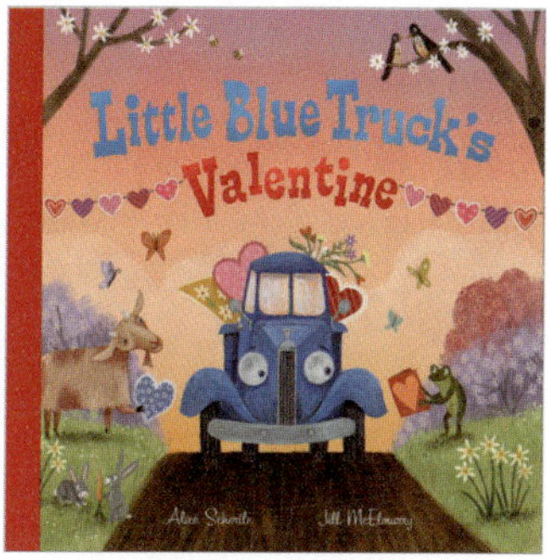


『작은 파란 자동차의 밸런타인 Little Blue Truck's Valentine』 (Schertle, 2020).

## 『밸런타인 발라드 The Ballad of Valentine』

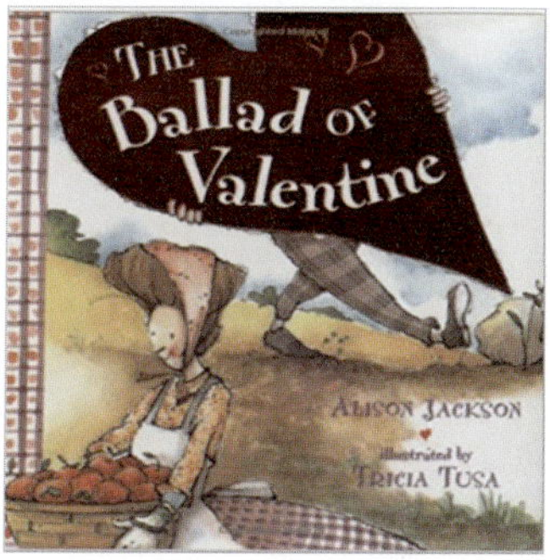


『밸런타인 발라드 The Ballad of Valentine』 (Jackson, 2002).

앨리슨 잭슨(Alison Jackson)의 『밸런타인 발라드 The Ballad of Valentine』는 미국의 유명한 포크송 클레멘타인(Oh My Darling, Clementine)의 리듬에 맞춰 쓰여졌는데, 자신의 마음을 아름다운 여성 밸런타인에게 전달하려는 수줍은 남성의 사랑 고백 이야기를 코믹한 그림과 함께 그리고 있어 읽는 이들의 웃음을 자아냅니다.

이 밖에도 아이들이 좋아하는 캐릭터들과 동물을 주인공으로 한 많은 밸런타인 이야기들이 있고 밸런타인데이를 주제로 하는 시집도 있습니다. 1989년 뉴베리상을 수상하기도 한, 어린이들에게 널리 사랑받는 시인 잭 프렐루츠키(Jack Prelutsky)의 시집 『밸런타인 날이에요 It's Valentine's Day』는 '나는 당신을 애플 소스보다 사랑해요(I Love You More Than Apple Sauce)' 등 14편의 밸런타인 시를 담고 있습니다.

**Creativity is the power to connect the seemingly unconnected.**

연결되지 않은 사람들을 연결해 주는 것이 창의력의 힘이다.

- William Plomer

# PART 3

# 포스트 코로나 시대의 영어교육

# 제1장
# 유튜브와 챗봇 활용하기

# 01
# 유튜브 활용하기

팬데믹으로 인해 전 세계에 일어난 변화는 교육계에도 커다란 변화를 가져왔습니다. 비대면 수업이 확산되면서 온라인을 통한 교육 콘텐츠는 급증하였고, 엄청나게 쏟아지고 있는 온라인 교육 교재에 관한 바른 지식 및 선정할 때 알아야 할 지식들이 어느 때보다 절실히 요구되고 있는 실정입니다. PART 3에서는 포스트 코로나 시대에 우리가 활용할 수 있는 다양한 온라인 콘텐츠에 대해 살펴보겠습니다.

여러 매체 중 특히 유튜브 등을 통해 수없이 많은 콘텐츠들이 제공되고 있는데요, 21세기 교육자들은 우리가 더 이상 인쇄 중심의 세계에만 살지 않는다는 사실을 인식하고 있습니다. 이제 '텍스트'와 '문해력'이 더 이상 책의 어떤 페이지의 단어에만 국한되지 않으며 사진, 텔레비전, 그리고 영화의 정지된 영상화면이나 동영상에도 적용되는 시대가 되었습니다. 따라서 'literate', 즉 글을 읽고 쓸 줄 안다는 것이 책 속의 글을 읽고 이해하는 것은 물론이고, 위키, 블로그, 디지털 미디어와 다른 새로운 신기술을 이해한다는 것을 포함하게 되었습니다. 따라서 각종 미디어 정보를 주체성을 갖고 해독할 수 있는 능력인 미디어 정보 해독력, 즉 미디어 리터러시(media literacy)를 증진시키기 위해서는 비인쇄 매체를 활용한 학습의 이점을 잘 이해하고 활용할 필요가 있겠습니다.

그렇다면 우리 자녀들의 미디어 리터러시를 증진시키기 위해 어떤 점에 유의해야 할까요?

많은 사람이 유튜브를 통해 새로운 것을 배우고, 시사를 파악하기도 하고, 즐거움을 얻기도 합니다. 수백만 개의 비디오가 다양한 주제로 올려져 있으며 이 중에는 어린이들이 시청할 수 있는 비디오도 많습니다. 하지만 누구나 원하는 내용을 게시할 수 있기 때문에 어린이들이 시청하기에 바람직하지 않은 게시물도 많이 있는 것이 사실입니다. 따라서 자녀에게 유튜브의 동영상을 보여줄 때는 유튜브 자녀 보호기능을 활용해 자녀의 나이에 적합한 콘텐츠만 볼 수 있도록 안전모드를 설정하고, 자녀의 연령에 적합한 환경에서 관심 분야를 탐색할 수 있도록 해야 합니다. 이를 위해서는 어린이를 위해 제작된 YouTube Kids 앱을 사용해 자녀가 온라인에서 보는 내용을 제한하는 제한모드를 활성화하는 것이 필요하겠습니다.

이와 함께 동영상을 보여줄 때는 시청 시간이나 시청 방법 등에도 유의해야 하는데요, 부모가 다른 일을 하거나 아이가 떼를 쓴다고 해서 무작정 동영상을 보여주는 것은 적절하지 않습니다. 시간

설정 기능을 활용하여 하루 몇 회 보는지와 매회 보는 시간을 정해 놓는 것이 좋습니다. 또한 아이의 연령에 맞지 않거나 지나치게 폭력적인 내용 등은 피하고 아이의 발달 상태에 맞는 콘텐츠를 선택해서 보여주어야 합니다. 부모가 먼저 보고, 아이가 봐도 괜찮은지 확인해서 보여주도록 하며 교육적인 내용의 동영상을 선별해 즐겨찾기를 해 놓는 것도 도움이 되겠습니다. 아이에게 꼭 영어공부를 시키겠다는 생각보다는 아이가 흥미를 느끼는 분야를 영어 영상으로 보여준다는 생각으로 접근하는 것이 좋습니다. 시청 방법도 아이 혼자 동영상을 보게 하는 것보다 영상을 함께 보면서 상황에 대해 이야기를 나누거나 어떤 부분이 재미있는지 어떻게 생각하는지 아이와 대화를 나눌 것을 추천합니다.

온라인 디지털 자료를 선정할 때 기본적으로 유용한 기준인 CRAAP test가 있습니다. 그 정보가 얼마나 최신인가를 보는 Currency, 믿을 만한 것인가 하는 Reliability, 포스팅한 콘텐츠 제공자나 저자가 누구인지를 알아보는 Authority, 그리고 제공된 콘텐츠가 얼마나 정확하고 믿을 만한지 보는 Accuracy, 마지막으로 어떠한 목적으로 제공되는지 보는 Purpose까지 이들 다섯 가지 기준의 머리글자를 딴 것이 CRAAP Test입니다. 온라인에서 자녀들에게 보여줄 동영상을 고를 때도 이 기준을 염두에 두고 선택하면 도움이 될 것입니다.

"저희 아이가 요즘 유튜브를 많이 보는데 영어를 익히게 해주려면 어떤 종류의 유튜브 영상을 찾아서 보여주면 좋을까요?"라는 질문을 많이 받습니다. 자녀의 영어 학습에 활용할 수 있는 유용한 유튜브 채널을 아래에 소개합니다.

## TED Ed

https://ed.ted.com/

TED는 미국의 비영리 단체에서 운영하는 강연회로 정기적으로 기술, 오락, 디자인, 과학, 그리고 국제적인 이슈까지 다양한 분야와 관련된 강연회를 개최하고 있습니다. 아이디어가 태도와 삶, 그리고 궁극적으로 세상을 변화시키는 힘이 있다는 철학으로 "Ideas worth spreading", 즉 알릴 가치가 있는 아이디어가 강연의 메인 슬로건인데 3,600개가 넘는 Ted Talks 동영상 강의를 아마도 한 번쯤은 본 독자들도 많을 것입니다. 이런 TED가 2012년부터는 TED-ED라는 교육 플랫폼을 추가적으로 운영하고 있습니다.

TED Ed는 초등학교, 중학교, 고등학교, 대학교 학습자까지 학습 레벨을 선택할 수 있고 주제별로 영상이 모아져 있는 것이 특징입니다. 특히 아이들을 위한 3~5분 정도 짧은 길이의 애니메이션 동영상 강의도 있습니다. TED-ED는 전 세계 교사와 학생의 아이디어를 자극하고 격려하기 위함을 사명으로 하고 있는데 교사가 자신의 대화형 온라인 수업을 만들 수 있는 플랫폼을 제공하기도 합니다.

TED 교육 플랫폼에는 학생, 교사, 부모를 위한 다양한 콘텐츠가 제공되고 있습니다. 예술, 건강, 문학과 언어, 수학, 교육, 과학 기술 등 다양한 주제들을 다루고 있어 흥미로운 주제를 선택해서 볼 수 있고 영상을 보면서 문제를 풀어볼 수 있는 기능도 제공되어 내용 이해도를 파악할 수 있습니다. 초등부터 시작해 차근차근 단계를 올려가며 TED Ed 플랫폼에 올려져 있는 수많은 콘텐츠를 자녀와 함께 보면서 다양한 주제에 관해 대화도 해 보고 다양한 활동들도 해 볼 수 있습니다.

### National Geographic Kids

https://kids.nationalgeographic.com/

과학 다큐멘터리 분야에서 권위를 자랑하는 내셔널지오그래픽(National Geographic)이 책, 여행, 과학 등 교육적인 내용을 어린이의 눈높이에 맞춰 만든 영상들을 만나볼 수 있는 유튜브 채널입니다. 어린이 프로그램인 만큼 쉬운 영어 표현으로 소개하고 있고 아이들에게 유익한 정보를 많이 담고 있습니다.

특히 게임, 비디오, 동물, 탐험 영역에서 유익한 영상들을 만나 볼 수 있는데요, 예를 들어 비디오 부분에서는 놀랍고 신기한 동물들(Amazing Animals)에서 독특하고 흥미로운 동물들의 특징을 알아볼 수 있습니다. Weird but True!(기이하지만 사실)에서는 눈을 깜빡이지 못하는 Geckos 도마뱀이 어떻게 눈알을 청소하는지와 잠을 가장 오래 자는 동물이 누구인지와 같은 흥미로운 이야기를 접할 수 있습니다. 더불어 해당 사이트에서 엉뚱한 활동을 하는 동물들의 모습(Party Animals), 재미있는 실험 해보기(Try This) 등의 다양한 활동을 해 볼 수 있습니다.

### Mother Goose Club

https://www.youtube.com/user/MotherGooseClub?app=desktop

미국의 Sockeye Media가 제작하는 취학 전 유아들을 위한 교육용 채널입니다. 어린이들의 문해력 증진을 목표로 하고 있는 Mother Goose Club은 2011년 YouTube Kids 채널 중 가장 인기 있는 어린이 채널 중 하나가 되기도 했는데요, 영상 속 인물들이 재미있는 분장을 하고 나와 영어와 수학, 그림 등 다양한 영상을 보여주고 어린이들은 이 영상을 따라 노래하고 춤추고 학습할 수 있습니다.

이상으로 자녀들의 영어 학습에 활용할 만한 유튜브 채널들을 소개하였습니다. 유튜브는 적절히 활용하면 도움이 되지만 시청 시간 제한 등이 필요하기 때문에 보조적으로 사용하고 책 읽기를 병행할 것을 잊지 말아야 하겠습니다.

## 02
# 챗봇 활용하기

일반적으로 채터봇(Chatterbot)이라고도 불리는 챗봇(Chatbot)은 인간과 유사한 대화 상대로 기능을 할 수 있는 컴퓨터 프로그램입니다. 우리에게 잘 알려진 챗봇은 미국 애플사의 아이폰에 내장되어 있는 어시스턴트형 챗봇 시리(Siri)입니다. 그리고 네이버사의 스마트 스피커에 내장되어 있는 클로바(CLOVA)도 챗봇의 한 종류라고 볼 수 있습니다.

사실 컴퓨터 프로그램과 대화하고자 하는 시도는 최근이 아니라 오래전부터 시작되었습니다. 음성 처리 관련 컴퓨터 과학 분야에서는 1970년대부터 다이얼로그 시스템(Dialogue System)이라는 프로그램이 개발되어 인간이 음성으로 컴퓨터와 대화를 나누는 시도가 있었으며, 1990년대에는 텍스트 기반 채팅을 가능하게 하는 챗봇이 개발되었습니다(최근에는 음성 기반 다이얼로그 시스템과 텍스트 기반 챗봇을 나누지 않고 둘 다 챗봇으로 부르는 경향이 있습니다). 최근에는 인공지능, 딥러닝 등의 최첨단 기술의 발달로 인해 컴퓨터의 의사소통 능력이 과거와는 비교가 되지 않을 정도로 높은 수준에 도달하고 있습니다. 물론 장시간 다양한 주제로 대화를 나누다 보면 상대방이 인간이 아닌 컴퓨터라는 것을 눈치채기가 어렵지는 않습니다만 그래도 과거 한두 마디를 나누어도 기계라는 것을 알 수 있었던 때와는 분명히 큰 차이를 느낄 수 있습니다.

그렇다면 챗봇은 영어교육, 좀 더 자세히는 영어 독서교육과 어떤 관련이 있을까요? 최근 상용화되고 있는 텍스트 기반 챗봇의 경우에는 상당히 우수한 대화 능력을 갖추고 있기 때문에 영어학습자들이 해당 챗봇과 대화를 나누면서 챗봇의 언어를 살펴보며 읽기 능력을 향상시킬 수 있습니다. 물론 이러한 챗봇이 사용하는 언어는 소설이나 산문 등의 문어체는 아니지만 '대화를 할 수 있는 컴퓨터 프로그램'이라는 특수성으로 학습자의 관심을 끌기에 유용하며, 학습자의 영어 학습 동기를 높일 수 있다는 점이 주목할 만합니다. 또한 대화를 나누면서 읽기뿐만 아니라 본인의 생각을 영어로 표현해야 되기 때문에 쓰기 연습도 동시에 할 수 있다는 장점이 있습니다.

챗봇 기반 선행 영어교육 연구에 따르면 일반적으로 EFL 학습자들은 챗봇과 대화할 때 덜 긴장하며 챗봇과의 대화 자체를 즐기는 것으로 확인되었습니다. 또한 챗봇은 초급영어회화와 관련된 표현들을 익히는 데 유용하며 대화 기록이 텍스트 형식으로 남기 때문에 학습자의 입장에서는 차후 영어학습에 이러한 대화를 활용할 수 있다는 것도 큰 장점이라고 볼 수 있습니다. 또한 인간과는 다르게 몇 번이고 원하는 만큼 영어를 연습해도 상대방이 지루해하지 않는다는 것도 영어학습자료로서 챗봇의 매력이 아닐까 싶습니다. 그러면 영어학습에 활용할 수 있는 몇 가지 챗봇을 소개하도록 하겠습니다.

## Mitsuku a.k.a. Kuki

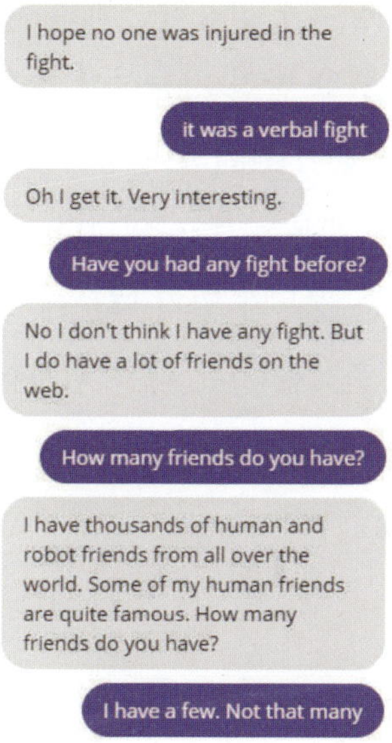

챗봇 Kuki와의 대화 화면

2005년 프로그래머 스티브 워스윅(Steve Worswick)이 개발한 Kuki는 대화 능력이 우수한 챗봇이 수상하는 뢰브너상(Loebner Prize)을 5회나 수상한 챗봇입니다. Kuki는 영국 요크셔(Yorkshire) 지역의 리즈(Leeds)라는 도시에 사는 약 20세 여성으로 설정되어 있습니다. 이러한 구체적인 설정으로 인해 사용자는 Kuki를 컴퓨터나 기계로 인식하기보다는 먼 곳에 있는 인간 친구로 상상하며 대화를 나눌 수 있습니다. 또한 웹 검색 기능을 갖추고 있어 일부 주제와 관련해서는 채팅창에 이미지나 웹사이트 주소 등을 화면에 띄울 수 있습니다.

다음 웹사이트(https://www.pandorabots.com/mitsuku/)에 접속하여 "Chat Now"를 클릭하면 Kuki와 대화를 나눌 수 있습니다(위 그림은 Kuki와의 대화 일부를 추출한 화면입니다).

## 자유대화형 챗봇 'Cleverbot'

Rollo Carpenter가 개발한 챗봇 Cleverbot은 온라인상에서 무료로 활용할 수 있는 컴퓨터 프로그램입니다. Cleverbot은 자유대화형 챗봇으로 사용자가 다양한 주제로 해당 챗봇과 대화를 나눌 수 있습니다. Cleverbot은 수많은 사용자들의 대화 내용을 데이터베이스에 저장하여 사용자의 표현에서 키워드를 분석하여 과거 유사 대화 패턴을 기반으로 응답을 추출하는 방식을 활용하는데요, 매일 수십만의 사용자가 활용하는 만큼 앞으로 발전 가능성이 높은 챗봇이라고 볼 수 있겠습니다. 사용 방법 등이 간편하여 영어교육 챗봇 분야의 연구에서 활발하게 사용되는 챗봇 중 하나입니다. 다만 간혹 무례하거나 부적절한 응답을 하는 경우가 있기 때문에 부모님이나 교사 동반하에 사용하는 것이 좋겠습니다. 다음 웹사이트에 접속한 후, 'understood, and agreed'를 클릭하면 Cleverbot과 대화할 수 있습니다.: www.cleverbot.com

## 비서형 챗봇 'Siri'

앞에서 소개한 애플사의 시리(Siri)는 애플의 스마트폰인 아이폰과 태블릿 PC인 아이패드 등의 제품에 내장되어 있는 비서형 챗봇입니다. 위에서 소개한 Kuki나 Cleverbot과 같이 자유대화형 챗봇은 아니며, 주로 사용자가 묻는 질문이나 요청 사항에 답하는 대화 패턴에 적합합니다. 따라서 정보 요청(날씨 묻기, 커피숍 추천받기 등)이나 특정 기능 활성화(음악 재생, 알람 설정 등)와 관련되어 있는 표현을 연습할 때 적합하다고 볼 수 있겠습니다. 그러나 정보 검색이 가능하기 때문에 자녀와 읽기 활동을 하는 도중 어려운 어휘의 뜻(혹은 관련 동의어나 반의어)을 알아보거나 특정 정보에 대해 요청(예를 들면, 도서의 저자 관련 정보)하는 목적 등으로 해당 챗봇을 활용할 수 있겠습니다. 독서 지도에 이렇게 챗봇을 활용함으로써 영어 읽기, 말하기, 듣기와 같은 스킬을 동시에 연습할 수도 있겠습니다.

## 인공지능 학습 메이트 'AI펭톡'

'AI펭톡'은 음성 인식과 자연어 처리 기술을 활용해 AI와 학생이 일대일로 대화할 수 있는 말하기 연습 프로그램 입니다. 컴퓨터나 태블릿 PC, 휴대폰 등에 앱을 다운로드해서 사용합니다.

2019년 11월부터 개발을 시작해 1, 2차 시범 서비스를 거쳐 2021년에 상용 서비스에 들어간 AI펭톡은 전국 초등학교 3학년부터 6학년을 대상으로 한 프로그램이며 인기 캐릭터 '펭수'와 가상 대화를 하며 재미있게 영어 말하기 연습을 할 수 있습니다.

AI펭톡은 교육부 고시 초등영어 성취 기준에 부합하는 학습 콘텐츠와 초등학생 맞춤 생활영어를 기반으로 단어와 문장, 표현을 제공하여 학생들이 교과서 학습 내용뿐만 아니라 실생활에 활용할 수 있는 영어 말하기까지 강화할 수 있도록 합니다. 그뿐만 아니라 앱에서 학습한 데이터를 AI가 분석하여 단어, 문장, 대화, 표현에 대해 발음 평가와 유창성 평가를 진단하여 제공합니다.

특히 펭수와 가상 대화를 진행하는 학습 메뉴 '렛츠 톡'은 각 주제마다 세 가지의 말하기 미션을 제공하여 미션을 성공시키면서 대화를 진행하도록 합니다. AI펭톡은 EBS, NHN 에듀와 함께 영어 콘텐츠 전문 기업 ㈜잉글리시헌트에서 개발하였습니다.

## 영어학습용 챗봇 '엘리'

'엘리'는 중앙대학교 영어교육연구소에서 개발한 영어 말하기 학습용 챗봇입니다. 엘리는 챗봇과 일상적인 대화를 나눌 수 있는 자유대화(Free Talking) 모드, 특정 과업을 수행할 수 있는 문제해결(Mission Challenge) 모드, 말하기와 발음을 연습할 수 있는 게임 기반 연습(Speaking Games) 모드 등 총 3개의 모드로 구성되어 있습니다. 이 중 문제해결 모드의 경우 약 60여 개의 미션 과업으로 구성되어 있고 국내 영어교육과정의 의사소통기능에 기반하여 제작된 과업을 수행할 수 있습니다. 과업은 미션의 복잡도나 대화 턴수에 따라 쉬운 난이도(★), 중간 난이도(★★), 어려운 난이도(★★★)로 구분되어 있습니다. 다음 그림은 쉬운 난이도 과업의 예시(매장에서 신발 구매하기)입니다.

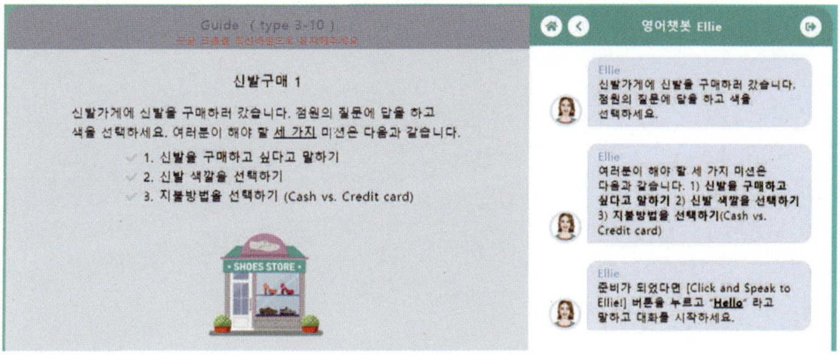


엘리 문제해결 과업의 예시

앞서 소개한 Kuki처럼 엘리는 20대 여성인 원어민 강사로 설정이 되어 있어 학습자가 상대방을 챗봇이 아닌 선생님으로 인식하며 대화를 나눌 수 있습니다(엘리의 이미지는 그림의 오른쪽 화면 참조). 엘리는 초중고 영어수업과 수행평가에 활용될 수 있도록 제작되었으며 현재 휴대폰 앱으로 서비스 준비 중입니다.

# 제 2 장

# 웹사이트 활용하기

## 01
## 온라인 읽기 자료 관련 사이트

최근에는 많은 양의 읽기 자료를 제공하는 웹사이트들이 존재합니다. 그중 유명한 몇 가지를 소개하고자 합니다.

### 구텐베르크 프로젝트와 LibriVox

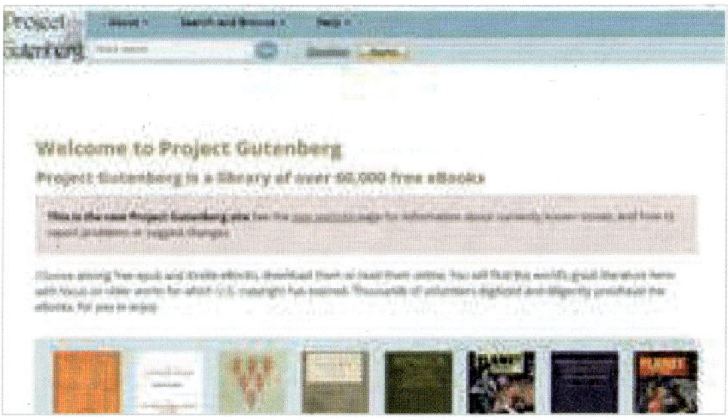


구텐베르크 프로젝트 웹사이트
http://www.gutenberg.org

영문으로 된 읽기 자료를 제공하는 가장 잘 알려진 사이트 중 하나는 구텐베르크 프로젝트(http://www.gutenberg.org)입니다. 프로젝트의 이름은 인쇄술의 대중화로 잘 알려진 독일의 세공업자 요하네스 구텐베르크의 이름을 따왔다고 합니다. 해당 사이트는 저작권이 만료된 고전 텍스트들을 제공하는 비영리(non-profit) 프로젝트를 운영하고 있고 일종의 온라인 가상 도서관으로 볼 수 있겠습니다.

LibriVox 웹사이트
https://librivox.org

이와 관련된 사이트인 LibriVox(https://librivox.org/)의 경우 구텐베르크 프로젝트에서 제공하는 전자문서화된 고전 텍스트들을 음성화하여 오디오북 형태로 제공하고 있습니다. LibriVox의 경우 전문 성우가 아닌 자발적인 참여자들의 노력으로 이루어지고 있습니다. LibriVox 역시 비영리 단체입니다.

## Pearson English Graded Readers

Pearson English Graded Readers 웹사이트
https://readers.english.com

피어슨(Pearson) 출판사에서 운영하는 웹사이트(https://readers.english.com/)입니다. 6세에서 12세까지 유아와 초등 학습자에게 적합한 레벨별 추천 작품들이 제시되어 있습니다. 시리즈(Kids Readers, Story Readers, Active Readers, Readers), 학습자 수준, CEFR Level(A1~C1), 장르 등을 구분하여 추천 도서를 검색할 수 있습니다. 각 작품의 텍스트를 제공하지는 않지만 오디오북 형태의 mp3 파일과 부모나 교사가 활용할 수 있는 자료집(Teaching Resources)을 다운받을 수 있습니다.

## Story Place

Story Place 웹사이트
https://www.storyplace.org

Story Place(https://www.storyplace.org/)는 유아, 유치원 연령대의 아이들이 즐길 수 있는 Digital Learning Library입니다. 반려동물, 목욕, 음악, 모양 등의 다양한 주제와 관련된 이야기를 플래시 형태로 제공하며 해당 주제와 관련된 유명 아동 도서들을 소개합니다. 또한 각 주제와 관련된 다양한 학습활동(만들기, 그리기 등)을 무료로 제공하기 때문에 이야기를 듣고 난 후에 부모님과 자녀가 함께 해당 활동을 해 볼 수 있습니다.

## Page by Page Books

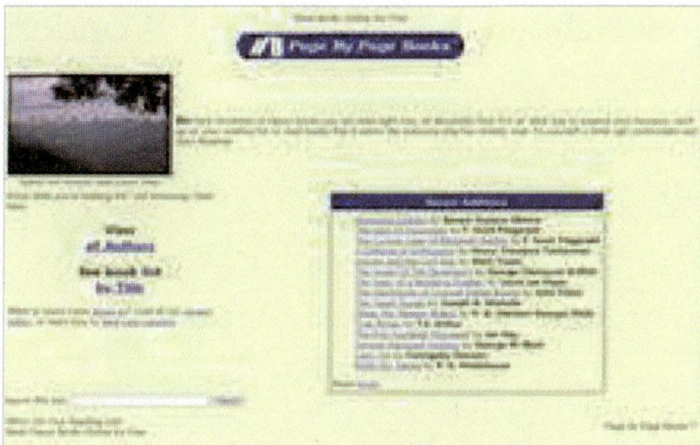

Page by Page Books 웹사이트
https://www.pagebypagebooks.com

Page by Page Books(https://www.pagebypagebooks.com/)는 수백 권의 퍼블릭도메인 도서들을 무료로 감상할 수 있는 구텐베르크와 유사한 사이트입니다. 저자별(By Author), 혹은 작품명별(By Title)로 도서가 정리되어 있습니다.

## 미국 의회도서관

미국 의회도서관의 아동 고전 웹사이트
https://www.loc.gov

미국 의회도서관(Library of Congress) 웹사이트에는 아동 고전 작품을 제공하는 페이지가 포함되어 있습니다(https://www.loc.gov/free-to-use/classic-childrens-books). The Wonderful Wizard of Oz, Peter Rabbit, The Story of the Three Little Pigs와 같은 고전 작품들을 감상할 수 있습니다.

## Storyline Online

Storyline Online의 웹사이트
https://www.storylineonline.net

Storyline Online®(https://www.storylineonline.net/)은 유명 배우들이 아동 도서를 읽는 모습과 도서의 그림을 담은 비디오를 제공합니다. 현재 약 60여 권의 도서 관련 비디오가 업로드되어 있으며 일부 도서의 경우 교사용, 부모용 학습활동이 포함되어 있습니다.

## OxfordOWL

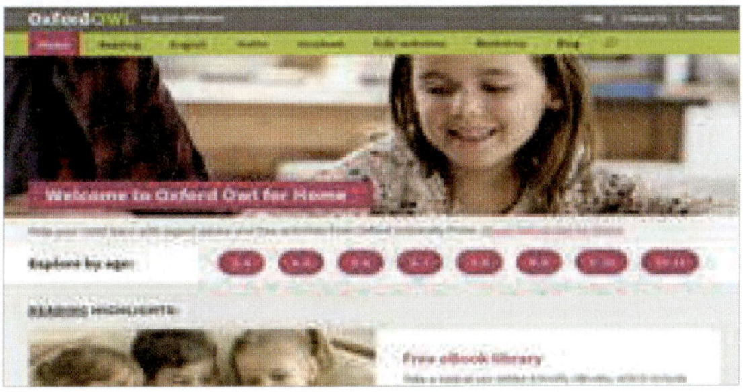


OxfordOWL의 웹사이트
https://home.oxfordowl.co.uk

OxfordOWL(https://home.oxfordowl.co.uk/)은 옥스퍼드 대학 출판부(Oxford University Press: OUP)에서 운영하는 웹사이트이며 OUP의 유명한 시리즈인 Oxford Reading Tree와 Read Write Inc에 포함된 다양한 아동도서를 eBook 형태로 제공합니다. 또한 일부 도서의 경우 원어민의 음성파일과 인터랙티브(Interactive) 형식의 학습활동이 포함되어 있습니다.

## ESLFAST

ESLFAST(https://www.eslfast.com/)는 짧은 문단으로 구성된 다양한 영어지문을 제공하는 웹사이트입니다. 수준별로 지문들이 제시되며 각 지문마다 원어민의 음성파일이 포함되어 있습니다.

# 02
# 파닉스 · 게임 기반 읽기 관련 사이트

파닉스는 읽기의 초기 단계에서 매우 중요한 부분이며 향후 읽기 능력을 예측하는 요소이기도 합니다. 아동들에게 적합한 영어 파닉스 학습 웹사이트를 몇 가지 소개합니다.

## Starfall

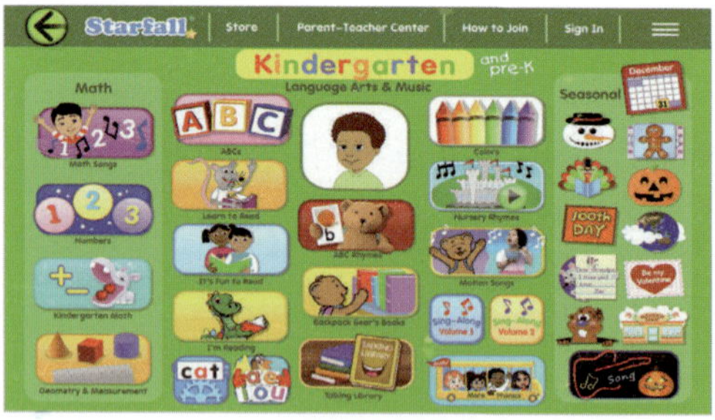


Starfall의 메뉴
www.starfall.com/h

Starfall(https://www.starfall.com/h/)은 유아 영어 관련 사이트 중 가장 잘 알려진 사이트입니다. ABC(파닉스), Learn to Read(단어 읽기), It's Fun to Read, I'm Reading(읽기) 등의 메뉴로 구성이 되어 있고 대부분의 메뉴가 인터랙티브(Interactive) 방식으로 되어 있어 화면 안의 사물 등을 클릭하면 다음 화면으로 넘어가는 구성으로 되어 있습니다.

## Teach Your Monster to Read

Teach Your Monster to Read의 웹사이트
https://www.teachyourmonstertoread.com/

Teach Your Monster to Read(https://www.teachyourmonstertoread.com/)는 어스본 재단(the Usborne Foundation)에 의해 운영되는 영어 파닉스/읽기 웹사이트입니다. 아이들이 좋아할 만한 귀여운 몬스터 캐릭터들이 등장하며 다양한 종류의 게임을 통해 알파벳 및 단어 읽기를 연습할 수 있습니다.

## ABCya!

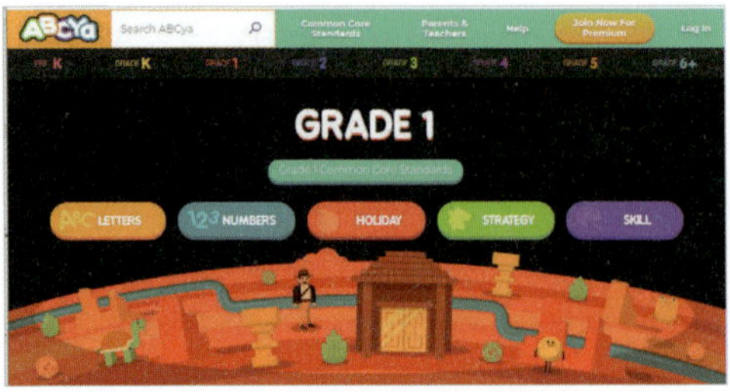


ABCya!의 웹사이트
https://www.abcya.com

ABCya!(https://www.abcya.com)는 앞에서 소개한 Common Core Standards에 기반한 다양한 교육용 게임을 제공하는 웹사이트입니다. Pre-K 수준부터 6학년까지의 내용을 다루며 영어뿐만 아니라 수학, 과학, 사회 등의 교과목을 다루는 게임들도 포함되어 있습니다. 또한 게임을 주제별(고양이, 음식, 우주, 자동차 등) 혹은 장르별(찾기, 빙고, 퍼즐 등)로 분류하여 자녀가 원하는 주제와 장르의 게임을 선택해서 플레이할 수 있습니다.

## Reading Bear

Reading Bear의 웹사이트
https://www.readingbear.org

Reading Bear(https://www.readingbear.org/)는 파닉스를 학습할 수 있는 무료 온라인 웹사이트입니다. 각 사운드별(자음, 모음, 이중모음 등)로 천천히 듣기(Sound It Out Slowly), 빨리 듣기(Sound It Out Quickly), 음성 플래시카드(Audio Flashcards) 등 다양한 메뉴를 제공하고 있습니다.

## DLTK's Crafts for Kids

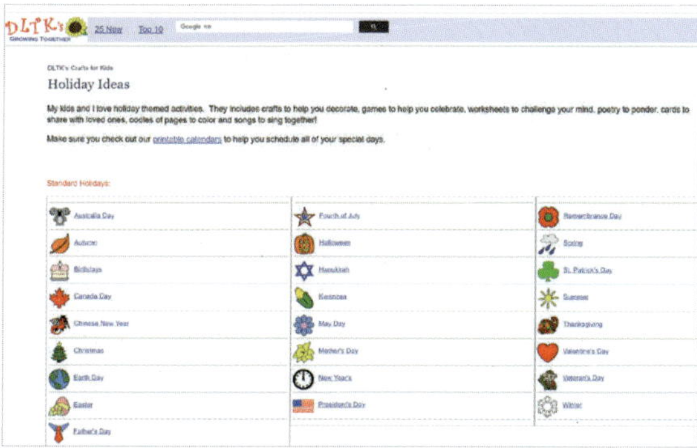


DLTK's Crafts for Kids의 Holiday 활동
https://dltk-kids.com

DLTK's Crafts for Kids(https://dltk-kids.com/)는 다양한 만들기 활동을 할 수 있는 인쇄물과 활동지, 색칠공부 페이지 등을 제공합니다. 특히 주제 면에서 광범위하고 다양해서 ABC, 숫자와 세기 연습을 할 수 있는 123 등 기본 개념을 배울 수 있는 활동뿐만 아니라 동물의 경우에는 서식지별로 사막에 사는 동물, 농장 동물, 정글에 사는 야생동물, 애완용 동물들을 고를 수도 있고 조류, 어류,

곤충, 포유류, 파충류 등 동물의 종별로 고를 수도 있습니다. 이 밖에도 어린이들이 좋아하는 만화 캐릭터들, 나라나 문화, 혹은 공휴일(핼러윈, 크리스마스, 밸런타인데이 등) 등 다양한 주제에 대한 활동을 제공합니다.

## Go Science Kids

Go Science Kids의 웹사이트
https://gosciencekids.com

Go Science Kids(https://gosciencekids.com/)는 집에서 하는 재미있는 과학(Fun Science at Home)이라는 부제가 말해주듯, 부모가 집에서 자녀와 쉽게 할 수 있는 STEAM(과학, 기술, 공학, 예술, 수학) 활동을 제공합니다. STEAM 교육은 과학 기술에 대한 학생의 흥미와 이해를 높이고 과학 기술 기반의 융합적 사고력과 실생활 문제 해결력을 배양하는 융합인재 교육입니다. 연령별(1-2, 3-4, 5-6, 7-9, 10-13), 주제별로 다양한 활동을 제공합니다. 예를 들어 음식을 소재로 하는 과학 활동(edible science) 중 '파인애플을 젤리에 추가하면 어떻게 될까?'라는 실험을 통해 아이들은 젤로 혼합물에 파인애플, 사과 및 사탕을 추가하고 하루가 지난 후 어떻게 되었는지 관찰해볼 수 있습니다. 이와 같이 다양하고 재미있는 활동들을 해 볼 수 있습니다.

# 03
# 어휘 수준 측정 관련 유용한 웹사이트

앞에서 살펴보았듯이 영어 어휘 수준은 적절한 도서를 선택할 때 가장 중요한 기준 중의 하나입니다. 본 섹션에서는 아동 및 목표 도서의 어휘 수준을 측정할 수 있는 웹사이트와 프로그램을 소개하고자 합니다.

## Picture Vocabulary Size Test(PVST)

앤서니(Anthony)와 네이션(Nation)(2017)이 개발한 Picture Vocabulary Size Test(PVST)는 저연령 아동 학습자의 영어 어휘 수준을 측정할 수 있는 테스트입니다. 기존 대부분의 어휘 수준 측정 테스트와 달리 PVST는 특정 영어 단어가 음성으로 재생되면 4장의 그림 중에서 가장 관련이 깊은 그림을 선택하는 방식으로 되어 있어 문자를 읽을 수 없는 아동 학습자도 시험을 치를 수 있도록 되어 있는 것이 특징입니다. 프로그램을 사용하는 방법은 다음과 같습니다. 우선 아래의 주소를 웹브라우저에 입력하면 PVST_win.zip이라는 이름의 압축 파일이 저장됩니다.

http://www.laurenceanthony.net/software/pvst/releases/PVST120/PVST_win.zip

임의의 폴더에 압축을 풀면 tests라는 이름의 폴더와 PVST.exe 파일이 생성되고 해당 파일을 더블 클릭하면 프로그램이 실행됩니다.

그 후 http://www.laurenceanthony.net/software/pvst/tests/사이트에서 pvst_testset_100, pvst_testset_200, pvst_testset_300 중 하나를 선택하여 위의 'tests' 폴더에 압축을 풉니다. 그 후 전에 실행한 PVST프로그램에서 'File' 메뉴의 'Load test items'를 클릭한 후 압축을 푼 폴더(예: pvst_testset_100)를 클릭하면 아래와 같은 화면이 뜨게 됩니다.

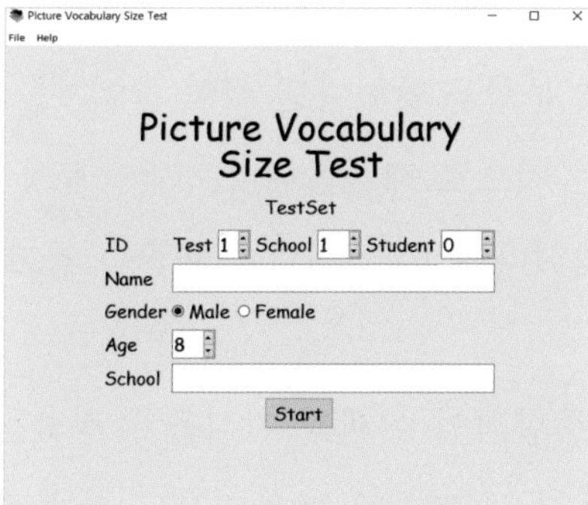


PVST 실행 화면

정보를 입력하고 Start를 클릭하면 시험이 시작됩니다. 시험이 시작된 후 플레이 버튼을 클릭하면 각 문항과 관련된 단어나 문장이 재생되고 시험 참여자는 가장 관련 있는 그림을 마우스로 클릭하면 다음 문항으로 넘어가게 됩니다. 예를 들어 아래 문항의 경우 플레이 버튼을 클릭하면 "House: This is my house."라는 음성이 재생됩니다. 시험 참여자가 원할 경우 플레이 버튼을 다시 클릭해서 음성을 다시 들을 수도 있습니다.

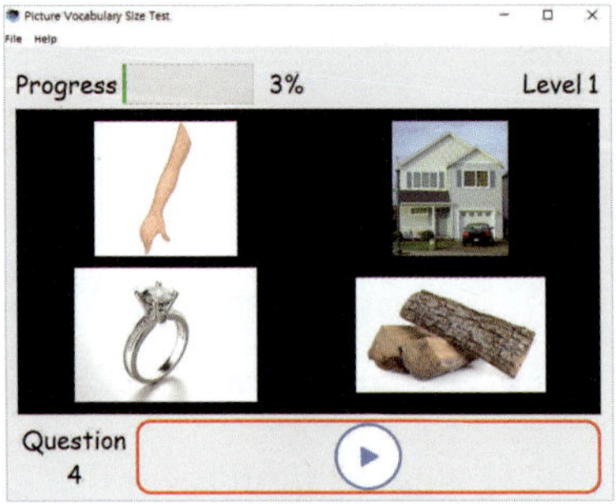


PVST 시험 화면

PVST는 시험당 총 96문항으로 구성되어 있으며 앤서니와 네이션에 따르면 시험의 결과는 다음과 같이 해석할 수 있습니다. 만약 96문항 중 54개의 문항을 맞혔다면 시험 참여자는 약 3,375개의 어휘군을 알고 있는 것으로 해석합니다(정답인 문항 수 × 62.5). 만약 30개의 문항을 맞혔다면 1,875개의 어휘군을 알고 있는 것으로 해석합니다.

다만 PVST는 종합적인 어휘의 지식을 측정하는 시험이 아니기 때문에 시험 결과가 1,875개로 나왔더라도 실제로 해당 시험 참여자의 어휘 지식은 이보다는 다소 낮다고 보는 편이 좋겠습니다.

## Vocabulary Size Test

Vocabulary Size Test는 PVST를 개발한 뉴질랜드의 응용언어학자 폴 네이션(Paul Nation)과 데이비드 베글러(David Beglar)가 개발한 또 다른 어휘 테스트입니다. 6,000 어휘군을 기반으로 만들어진 PVST와 다르게 14,000 어휘군을 테스트할 수 있습니다. 시험 형식은 아래의 그림과 같습니다.

1. SEE: They **saw** it.
   a. cut
   b. waited for
   c. looked at
   d. started

2. TIME: They have a lot of **time**.
   a. money
   b. food
   c. hours
   d. friends

3. PERIOD: It was a difficult **period**.
   a. question
   b. time
   c. thing to do
   d. book

4. FIGURE: Is this the right **figure**?
   a. answer
   b. place
   c. time

Vocabulary Size Test 예시

위의 그림에서 볼 수 있듯이 목표 어휘와 그 어휘가 포함된 문장이 제시되고 4개의 보기 중 목표 어휘와 가장 뜻이 가까운 어휘를 선택하는 객관식 유형으로 구성되어 있습니다. 1번 SEE의 경우에는 'c. looked at'이 가장 적절한 정답임을 알 수 있습니다.

개발자인 폴 네이션에 따르면 본 시험의 결과를 해석하는 방법은 다음과 같습니다. 시험 참여자의 정답수에 100을 곱하여 대략 해당 시험 참여자의 어휘 수준을 측정합니다. 예를 들어, 140개의 문항 중 35개를 맞혔다면 약 3,500개의 어휘군을 알고 있는 것으로 해석합니다. Graded Reader를 읽기 위해서는 약 2,000개의 어휘군이 필요하다고 제시되고 있습니다. 또한 네이션(2006)의 연구에 따르면 아동영화(Children's movies)나 구어체 영어(Spoken English)의 98%[1]를 이해하기 위해서는 각각 약 6,000-7,000 어휘군을 알아야 한다고 하니 참고하시기 바랍니다.

Vocabulary Size Test는 아래의 웹사이트에서 PDF 형식으로 다운 받을 수 있습니다.: https://www.wgtn.ac.nz/lals/resources/paul-nations-resources/vocabulary-tests 혹은 다음의 웹사이트에서도 해당 시험을 치를 수 있습니다.: https://my.vocabularysize.com/

## VocabProfilers

앞서 01. 온라인 읽기 자료 관련 사이트에서 살펴보았듯이 최근에는 아동영어텍스트를 무료로 제공하는 웹사이트도 많고 이러한 텍스트들을 다양한 포맷으로 저장할 수 있습니다. 이러한 파일 형식의 텍스트의 경우, 특정 프로그램을 활용하여 해당 텍스트의 어휘 수준을 손쉽게 분석할 수 있는데요, 많은 프로그램 가운데 가장 사용이 손쉬운 프로그램 중 하나를 소개하도록 하겠습니다. 바

1) 특정 텍스트를 이해하기 위해서는 해당 텍스트에 포함된 어휘의 98%를 알고 있어야 무리 없이 이해할 수 있다는 연구 결과에 기반한 수치

로 톰 코브(Tom Cobb)라는 학자가 운영하는 어휘 관련 웹사이트 (https://www.lextutor.ca/)에 포함되어 있는 VocabProfilers라는 프로그램입니다. 해당 웹사이트에 접속하여 "Vocabprofile"라는 메뉴를 클릭하면 다음과 같은 화면이 나오게 됩니다.

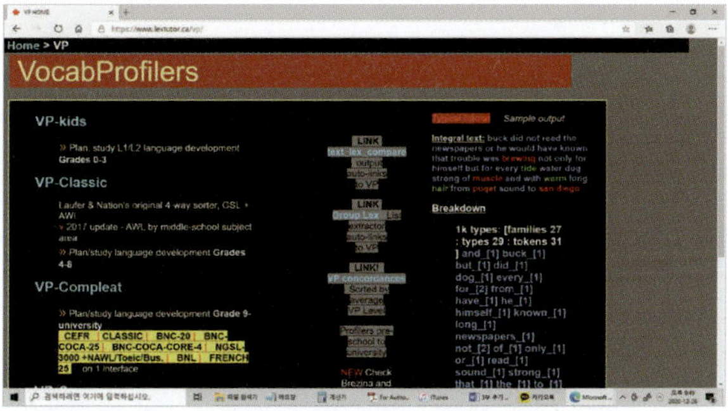


VocabProfilers 메뉴 화면

위 화면에서 VP-Classic을 클릭하면 다음과 같은 화면을 볼 수 있습니다.

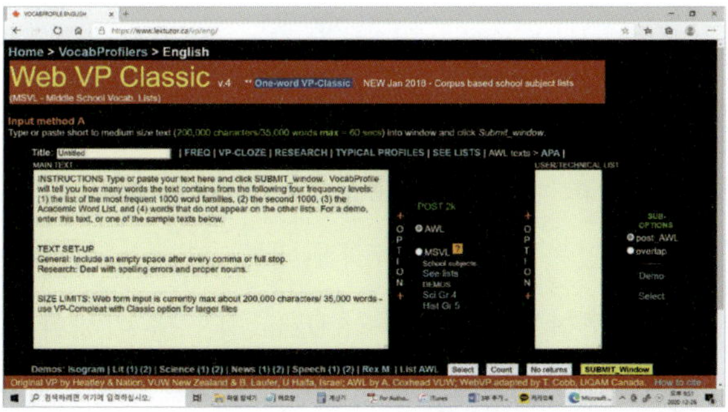


VocabProfilers VP-Classic 화면

"MAIN TEXT" 안의 텍스트를 지운 후, 측정하고자 하는 텍스트를 복사해서 붙여 넣습니다. 그 후 오른쪽 아래에 있는 노란색의 SUBMIT_Window를 클릭합니다. 예시로 위에서 소개한 구텐베르크 프로젝트에서 다운로드한 루이스 캐럴(Lewis Carroll)의 유명한 작품인 Alice's Adventures in Wonderland의 어휘 수준을 살펴보도록 하겠습니다.

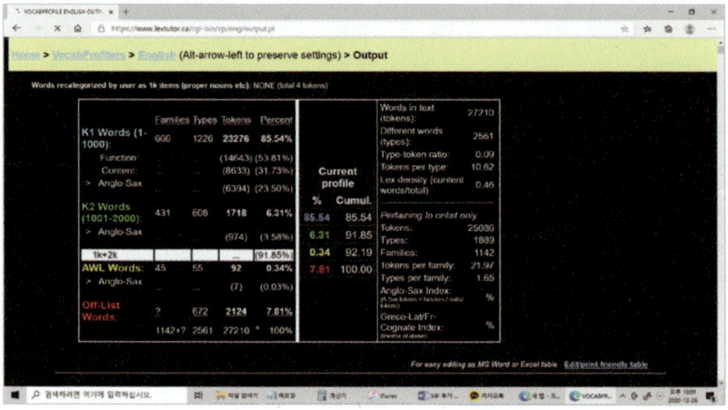

VocabProfilers 결과 화면

위는 Alice's Adventures in Wonderland의 어휘 수준을 로퍼(Laufer)와 네이션(Nation)의 4분류 방식(1,000 어휘군, 2,000 어휘군, 학술 어휘군, 그 외 어휘군)으로 분석한 화면입니다. 해당 작품은 1,000 어휘군이 전체 어휘의 85.54%를, 그리고 2,000 어휘군이 6.31%을 구성하고 있다는 것을 알 수 있습니다. 따라서 2,000 어휘군을 알고 있는 학습자의 경우에는 Alice's Adventures in Wonderland에 포함된 어휘 중 약 92% 정도를 이해할 수 있다는 점을 확인할 수 있습니다(즉, 위에서 언급한 98%에는 다소 못 미치는 수준이라고 볼 수 있겠습니다).

오른쪽 화면에 제시되는 몇 가지 유용한 정보에 대해 알아보겠습니다. Words in text(tokens)는 해당 텍스트에 포함된 전체 단어의 수를 의미합니다. 반면 Different words(types)는 텍스트에 포함된 어휘의 종류를 의미합니다. 예를 들어 'The cat likes the fish'라는 문장의 Token은 5(the, cat, likes, the, fish)이며 Type은 4(the, cat, likes, fish)가 됩니다. Type과 Token은 Type-token ratio(줄여서 보통 TTR로 표기)라는 수치를 계산할 때 활용이 되기도 하는데요, TTR은 어휘 밀도를 나타내는 수치로, 해당 수치가 높을수록 해당 텍스트에서 다양한 어휘가 사용된 것으로 해석할 수 있습니다. Alice's Adventures in Wonderland의 경우 Type이 2561, Token이 27210이기 때문에 TTR은 0.09(2561/27210)로 계산됩니다.

위에서 소개한 어휘 테스트와 VocabProfilers를 함께 활용한다면 자녀의 수준에 맞는 적절한 텍스트(도서)를 선정할 때 도움이 될 것입니다.

## 에필로그

# 뉴스 앵커에서 조기영어교육 전문가로

글로벌 시대에 살고 있다는 사실을 요즘같이 생생하게 실감한 적이 없습니다. 그야말로 팬데믹이 전 세계를 휩쓸면서 우리나라도 그 여파에서 비켜가지 못했는데, 사실 글로벌을 이야기하자면 영어를 이야기하지 않을 수 없습니다. UN의 공통어, 유럽연합의 공통어는 물론이고 국제재판소의 공통어이자 국제 협상에서 가장 많이 사용되는 언어도 영어이지요.

우리나라 부모님들의 영어교육에 대한 열정은 둘째가라면 서러워할 정도로 높아 영어교육에 몸담고 있는 저로서는 반갑고도 책임이 무거워지는 일입니다.

그런데 사실 저는 처음부터 영어교육자는 아니었습니다. MBC 아나운서로 입사한 후 보도국 기자로 옮겨 일하다가 미국으로 유학을 간 후 미국에서 가장 큰 한인 커뮤니티를 가진 LA의 KTAN TV에서 10여 년간 뉴스 앵커를 한 방송인 출신입니다.

보람을 느끼며 일하던 뉴스 앵커직을 그만두고 아동문학을 전공하며 직업을 바꾼 이유는 아들이 대학에 가기 전 아들과 함께 조금 더 많은 시간을 보내기 위해서였습니다. 휴일에도 일해야 하는 날이 많고, 사건이 발생하면 늦은 퇴근이 잦았던 터라 아들과 보다 많은 시간을 보낼 수 있는 직업으로의 전업을 고심하고 있었습니다. 그러던 중 UCLA가 사서를 리크루트하기 위해 개최한 워크숍을 취재하게 되었습니다. 그리고 저는 제가 좋아하는 책 읽기와 어린이들을 위해 일할 수 있는 아동 전문 사서가 되기로 결심하고 방송국을 그만두었습니다. 이후 UCLA 교육 대학원에서 아동문학을 전공한 후 미국에서는 두 번째 규모인 LA시립도서관의 아동 전문 사서로서의 귀중한 경험을 하게 됐습니다.

도서관에서 일하면서 아동도서들을 구입하고 스토리 타임을 통해 아이들을 만나며 아이들이 어떤 이야기들을 좋아하는지 그리고 어떻게 전달하는 것이 아이들의 마음과 흥미를 끌 수 있는지 생생하게 느낄 수 있었습니다.

20년 만에 한국으로 돌아온 후 감사하게도 많은 영어 프로젝트들에 참여해 왔습니다. 영어 콘텐츠 개발 회사인 잉글리시헌트에서 일하면서 EBSlang의 초등영어학습 프로그램 초목달을 기획하고 커리큘럼을 개발 · 집필하였으며 EBS 영어채널의 3, 4학년 교과서 프로그램의 총괄 기획을 맡기도 했습니다. 또한 교육부 주관 EBS 인공지능 학습 메이트 AI펭톡 콘텐츠를 개발하며 급변하는 인공지능과 미래 실감형 교육 솔루션 교육 현황에 대해서도 배워 나가고 있습니다.

전국의 교육청에서 주최하는 교사 연수와 학부모 세미나에서의 수많은 강연을 통해 영어교육과 관련해 선생님들과 학부모님들이 무엇을 알고 싶어 하는지도 많이 배울 수 있었습니다.

"우리 아이들이 영어를 잘하게 하는 비법이 있을까요?" 많은 사람들이 제게 묻습니다. 이에 대한 제 대답은 "Yes!"입니다. 비법은 바로 '영어책 읽기의 바른 습관'을 길러주는 것입니다. 이 책에서는 '영어책, 무엇을 읽어야 할까? What do we read?' 그리고 '영어책, 어떻게 읽어야 할까? How do we read?'에 대한 답을 이장호 교수님과 함께 풀어 보았습니다.

인터넷에서 교육 이론을 검색하면 설명들이 넘쳐납니다. 또한 아동문학 추천 도서들에 대한 정보도 넘쳐납니다. 이 책에서는 검색하면 알 수 있는 천편일률적인 설명을 넘어, 저희들 경험에서 우러나온 이야기를 통해 실질적인 도움을 줄 수 있도록 아동 영어교육 이론들을 풀어서 설명하였고, 책들의 제목만을 나열하는 것을 넘어 저희들이 그동안 축적해 온 아동 영어교육 전문가로서의 노하우를 저희들만의 감성을 담아 표현해 보려고 노력하였습니다.

저는 영어교육에 관한 신조를 가지고 있습니다. 영어를 배우는 것은 단순히 언어를 배우는 것이 아니고 영어라는 매개체를 통해서 글로벌 문화를 접하고 경험할 수 있도록 해 준다는 점에서 그 어느 것과도 바꿀 수 없는 소중한 학습입니다.

## 문해력은 삶을 바꾸는 힘이 있습니다
## Literacy can transform lives.

AP가 선정한 올해의 스포츠 칼럼니스트상을 무려 13번이나 수상한 『모리와 함께한 화요일 Tuesdays with Morrie』의 저자 미치 앨봄(Mitchell David Albom)은 일주일에 5회 라디오쇼를 진행하는 바쁜 일상 속에서도 자신이 사는 디트로이트시에서만 7개의 자선단체를 후원하고, 필리핀의 자선단체도 후원하며, 매달 아이티의 고아원에서 4일간 자원봉사 활동을 하는 등 도움을 필요로 하는 사람들의 삶을 바꾸는 모범을 보여줍니다.

미치 앨봄, 그리고 이 책에서 소개한 포시 교수와 벤 카슨의 삶은 우리가 아이들을 독서의 세계로 초대하고 그들이 책을 읽는 즐거움을 맛볼 수 있도록 인도해야 하는 이유를 명확히 보여줍니다.

저는 세계에서 가장 영향력 있는 밴드로 불리며 큰 인기를 모으고 있는 BTS나 세계 영화 역사를 다시 써 내려가고 있는 봉준호 감독의 힘은 그들 모두 진정성을 가지고 그들 자신의 이야기를 진솔하게 전하는 위대한 스토리텔러이기 때문이라고 생각합니다.

아이들은 호기심이 많고, 상상력이 풍부하며, 창의적이고, 이야기하기를 좋아하는 특성을 가지고 있습니다. 역사, 소설, 논픽션, 판타지, 모험 이야기 등 무궁무진한 독서의 세계를 탐험하며 우리 아이들의 삶이 변할 수 있습니다.

초등학교 시절 만난 소공녀, 소공자, 빨간 머리 앤, 작은 아씨들, 톰 소여의 모험, 플랜더스의 개, 하이디, 오즈의 마법사 등 세계 명작동화 속 주인공들은 제가 살아가면서 새로운 것에 도전해 볼 수 있는 힘을 주었고, LA시립도서관 재직 시절에는 아이들과 공감할 수 있는 스토리텔러의 역할을 감당할 수 있도록 도왔습니다. 또한 EBS의 많은 프로젝트를 통해 어린 독자들을 상상의 세계로 초대하고 강단에서 그리고 책들을 통해 어린 친구들의 문해력 증대에 조금이나마 일조할 수 있는 힘이 되어 주었습니다.

이 책을 시작하며 "여러분은 자녀의 꿈이 이루어지도록 하기 위해 무엇을 하고 있습니까?"라고 물었습니다.

아마도 자녀의 꿈을 이루어 주기 위해서 무언가 꼭 하겠다는 부모님이 많이 계실 것으로 생각됩니다. 점차 경쟁이 심해지고 팬데믹이 유행하는 어려운 상황에 처해 있지만 이 책을 통해 우리 아이들이 용기를 얻고 기쁨을 맛볼 수 있고 보람을 찾을 수 있는 계기가 되기를 기원합니다. 또한 자녀들의 꿈을 응원하는 모든 부모님들에게 아무쪼록 이 책이 작은 도움이 되길 바랍니다.

끝으로 EBS 초목달을 통해 만난 건우의 이야기를 소개하며 이 책을 마무리하겠습니다. 앞에서 제가 EBS와 초목달 프로그램을 기획하고 개발하였다고 말씀드렸는데, 초목달은 지금까지 12만여 명의 회원이 학습하고 있습니다. 그중 건우는 자신의 꿈을 향해 도전하고 있는 특별한 학생으로, 지금까지도 저와 인연을 유지하고 있습니다.

모든 아이가 행복하게
영어책을 읽기를 바라며

2021년 봄

그레이스 김

Grace's Diary

## 2015년 7월 23일

초목달을 학습하고 있는 한 학생의 아버지가 수강 후기를 남겼다. 청각장애를 가진 아이의 아빠라고 소개한 아버지는 본인의 자녀가 노래, 리듬과 멜로디와 빠른 억양은 보통 아이들처럼 잘 알아들을 수 없고 소리를 기계음으로 들을 수밖에 없지만, 지난 1년간 초목달이 아이의 영어 실력 향상에 큰 도움이 되었고 아이로 하여금 영어가 이렇게 재미있고 즐거울 수 있구나 하는 좋은 경험을 선사해 주었다며 감사의 인사를 드리고 싶다는 내용이었다. 나는 메일을 받고는 몹시 기뻐 건우에게 《어린 왕자 The Little Prince》와 《에드워드 툴레인의 신기한 여행 The Miraculous Journey of Edward Tulane》 등 추천하고 싶은 책들을 손 편지와 함께 보냈다. 건우로부터 답신 메일로 책과 카드를 보고 활짝 웃는 사진을 받고 참으로 기뻤다.

2016년 8월 23일

건우에게서 여러 장의 사진과 함께 2016년 한 해 동안 SBS 영재발굴단에도 나가고 중한일 동화교류대회에 한국 대표로 참가하는 등 특별한 일이 많았다며 장문의 메일이 왔다.

New message

선생님, 안녕하세요

저는 선생님의 초목달을 공부하고 있는 서울 삼각산초등학교 이건우라고 합니다. 작년에는 아빠가 선생님께 메일 쓰시고 답변 받아서 저에게 이야기해 주셨지요. 저는 요즘에도 영어공부를 열심히 하고 있어요. 물론 초목달도 재미있게 하고 있습니다. 지금은 초목달에서 Uranus level을 공부하고 있습니다. 예전에 선생님께서 저에게 영어책을 선물해 주셨는데 The Miraculous Journey of Edward Tulane이라는 책과 3권의 짧은 책들을 받았어요. 이번 2016년은 특별한 일들이 많이 생겼어요. 2016년 5월에 KBS 말하기 대회라는 대회에 나가 보았는데 약 50분간 방송에도 나오고 KBS 사장상이라는 큰 상도 받았답니다. 그리고 6월에는 SBS 영재발굴단에 출연해서 영어공부를 열심히 하고 글을 쓰는 모습이 방영되었어요. 선생님도 보셨는지 잘 모르겠네요. 특히 외국어 공부를 하는 모습에 많은 분들이 방송 이후 절 칭찬해 주셨어요. 모두 선생님의 초목달을 열심히 공부한 덕분이에요. 그리고 며칠 전에는 2016 중한일 동화 교류대회라는 프로그램에 참가하였어요. 말이 잘 통하지 않는 중국, 한국, 일본 친구들이 한 자리에 모여서 서로 교류하고 동화책을 만드는 프로그램이었어요. 전 우리나라 대표 33명 중 한 명이 되어 북경에서 일주일간 해외 교류활동을 하였고요. 가장 어려웠던 점이 말이 통하지 않는다는 점인데 그동안 초목달로 영어를 공부해서 쌓은 실력으로 외국 친구들과도 대화하고 영어로 다른 친구들의 통역도 많이 도와주었어요. 모두 선생님 덕분이에요. 그래서 마지막에는 다른 나라 친구들과 한 편의 동화책을 완성했답니다. 그동안 영어공부를 열심해해서 좋은 일들이 많이 생겼어요. 나중에 또 편지를 쓸게요. 물론 초목달도 열심히 하고요.

안녕히 계세요. 감사합니다.

너무도 감사하고 반가운 마음에 건우와 건우 부모님을 점심 식사에 초대해 만남을 가졌다. 9월 24일 처음 건우와 만났다. 몹시 설레는 마음으로 건우와의 만남을 기다렸는데 건우를 실제로 만나보니 너무도 반가웠다. 건우도 나와의 만남에 대한 설렘으로 그 전날 잠을 설쳤다고 했다. 건우와 건우의 부모님을 만나보니, 어린 포시 교수가 자신의 방에 마음껏 그림을 그리도록 허락하며 상상력을 키워가도록 응원해 준 포시 교수의 부모님과 같이, 건우가 가진 특별한 재능들을 펼칠 수 있는 것은 건우의 재능이 특출하기도 하지만 건우의 꿈을 펼칠 수 있도록 마음을 다해 격려하고 응원하는 건우의 어머님과 아버님 덕분임도 알 수 있었고 다시 한번 부모의 선한 영향력과 책임의 중요성을 절감할 수 있었다.
건우에게 추천하고 싶은 뉴베리상 수상작인 《구덩이 Holes》와 《초능력 다람쥐 율리시스 Flora and Ulysses》 등의 책들을 선물하고 건우의 영원한 영어 선생님과 멘토가 되어주겠다고 약속했다.

2017년 2월 9일

건우 어머님으로부터 반가운 연락이 왔다.
나는 TV를 시청하며 미래를 이끌어 갈 어린이로 소개되는 자랑스러운 건우를 응원했다.

New message

오랜만에 건우 소식 전해드려요. 건우는 방학 동안 영어, 독일어 공부 열심히 하고 스키도 열심히 즐기고 있어요. 오늘은 평창동계올림픽 1주년을 앞두고 성화봉과 유니폼을 세계 최초로 공개하는데 건우가 선수들과 함께 유니폼을 입고 소개하는 역할을 맡았어요. 영광된 자리인 만큼 긴장도 하고 있지만 전 세계에 생중계 된다니 선생님 시간 되시면 응원해 주세요.

## 2019년 7월

건우 어머님으로부터 여름방학 전 시간을 맞춰 건우와 만나자는 반가운 연락이 왔다. 건우가 기말 고사를 앞두고 다짐하며 쓴 메모를 함께 보내주셨는데 항상 자기 자신을 독려하며 꿈을 키워 나가는 건우가 그저 대견하고 자랑스러웠다.

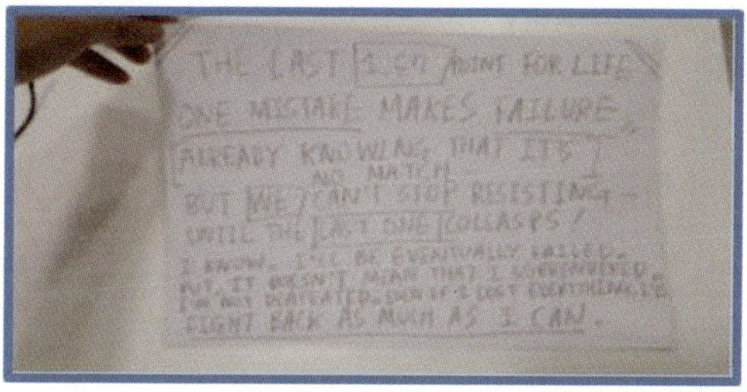


건우와 동생 지우까지 반갑게 만났는데 2년 만에 만난 건우는 안팎으로 많이 단단해져 있었고 자신의 꿈을 향해 참으로 열심히 살고 있었다. 오늘 어머님으로부터 참으로 귀한 그림 선물을 받았다.

원래 간호사의 직업을 갖고 계시던 어머님은 건우를 위해 일을 그만두고 양육에 전념해 왔다고 했다. 그림에 대한 열정이 있지만 건우와 지우를 재우고 나서야 그림을 그릴 수 있었다고 하시며 그 그림들이 이제 모여 전시회도 하고 그림대회에 입상을 하기도 했다고 하셨다. 이날 포시 교수 이야기를 건우와도 나누고 그의 연설 강의를 시간 있을 때 볼 것을 권유했는데, 며칠 후 건우로부터 메일이 왔다.

New message

선생님 안녕하세요.:) 저 건우예요.

지난번에 선생님 만나서 너무 반가웠고 좋은 경험이 되었어요. 선생님께서 보내주신 영상도 요즘 시간될 때마다 보고 있는데(Randy Pausch 의 Last Lecture부터 보고있어요). 요즘 공부하면서 목표를 세울때 아주 큰 도움이 되는 것 같아요… 좋은 자료 보내주셔서 다시 한번 감사드려요.

영어공부를 하면서 지금도 많은 단어를 접하지만, 저에게 가장 마음에 들었던 favorite word 하나가 있어요 저는 Pioneer 라는 단어가 가장 마음에 들었어요.

Robert Frost의 [The Road Not Taken]이라는 Poem을 읽어보면, “Two roads diverged in a wood, and I- I took the one less traveled by, And that has made all the difference.”-이런 구절이 마지막에 나오는데, 이것을 읽고 문득 Pioneer라는 단어가 내포하는 의미는 무엇일지 혼자서 한참 생각해 본 적이 있었어요.

무언가 새로운 것을 개척해 나가는 것은 항상 어려움이 따르고, 기존의 사람들이 불가능할 거라고 믿는- 자신만의 새로운 꿈을 꾸면서 인생을 살아가는 것은 당연히 쉽지만은 않을 거예요. (사실)그건 누구나 다 그렇죠.

저도 사실 처음 영어를 공부하기 시작했을 때- 그 당시 병원에서는 제가 외국어를 공부하는 것은 불가능하다고 진단했었어요. 보통 청각장애가 있는 학생은 우리말을 완전히 이해하는 것도 쉽지 않거든요. 그래서 처음 영어를 공부할 때 쉽지만은 않았어요. 남들보다 한참 늦게 시작했지만, 부모님께서 저를 항상 도와 주시고 지지해 주셨기 때문에 영어를 어느 정도 공부할 수 있어서 익숙해졌을 때쯤, 저는 깨달았어요. 그저 남들과 똑같은 길을 걸어가려 한다면 제가 가진 Handicap을 절대 극복할 수 없을 거라는 중요한 사실을요.

그때부터 독일이라는 나라, 즉 유럽 세계에 관심을 가지게 되었어요. 그곳에서는 제가 제 꿈을 조금이라도 이루기 위해- 그리고 저와 같은 장애가 있는 아이들에게, 어쩌면 이 땅에서는 영원히 주어지지 않을지도 모르는- 저에게 주어졌던 “도전”의 기회를 주기 위해 제가 할 수 있는 일이 좀 더 많을 것 같았어요.

New message

독일어를 배워서 독일로 진출하고 싶다는, 그리고 거기에서 의사로써 저와 같은 장애가 있는 아이들에게 희망을 주고 싶다는 강한 열망을 받았고요. 그때는 제가 너무 어려서 이런 생각을 못했지만, 좀 더 시간이 지나고 나서 - 독일어를 배운다는것 자체가, 그리고 장애를 극복하기 위해 제가 했던 노력들이 "개척"의 일부분이라는 것을 깨달았어요.
제가 어렸을 때는 우리나라에서 (초등학생이)독일어를 공부하기는 너무 어려움이 많았거든요.그래도, 무언가를 새로 개척하면서 꿈꾼다는 것은 충분히 가치 있는 일이라고 생각해요. 제가 그때 한 선택(외국어를 배우기 시작한 것- 궁극적으로는- 제 한계에 도전하는 삶을 살겠다는) 때문에, 제 인생의 모든 것이 바뀌었으니까요.

시간이 너무 늦어서 이제 글을 마쳐야 할 것 같아요. 앞으로도 계속 시간될 때마다 계속 The Last Lecture도 끝까지 보면서 꿈을 이루기 위해 열심히 노력해 볼게요.
늘 응원해 주셔서 감사해요.

## 2020년 5월 17일

건우와 또 다시 메일을 주고받았다.
코로나 사태를 겪으며 또 다른 꿈이 생겼다고 했다. 앞으로도 계속될 세계적 유행병이 발생할 때 효과적인 치료제를 개발하는 연구도 함께 해 나가고 싶다고…. 꿈을 갖는 것은 중요하다. 나는 건우가 훌륭한 의사가 될 것을 확신하며 기대한다.

행복한 영어책 읽기의 모범을 보여준 건우에게 감사 인사를 전하며 건우가 제게 보여준 그의 자작시를 소개하며 건우 이야기를 마칩니다.

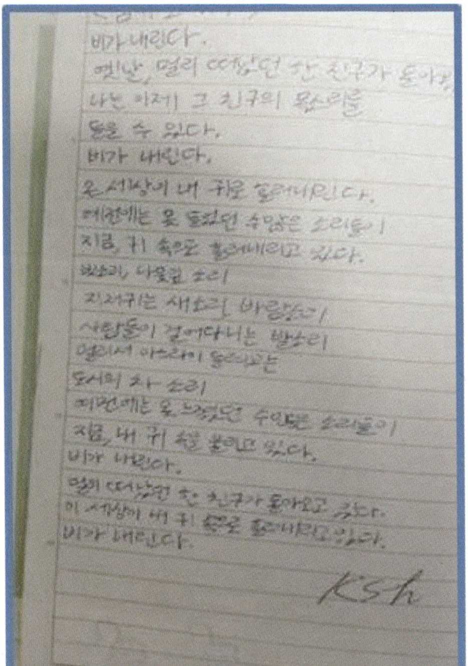
비가 내린다.
옛날, 멀리 떠났던 한 친구가 돌아왔다
나는 이제 그 친구의 목소리를
들을 수 있다.
비가 내린다.
온 세상이 내 귀로 쏟아내린다.
예전에는 못 들었던 수많은 소리들이
지금, 귀 속으로 흘러내리고 있다.
빗소리, 다듬질 소리
지저귀는 새소리, 바람소리
사람들이 걸어다니는 발소리
멀리서 아스라이 들려오는
도시의 차 소리
예전에는 못 느꼈던 수많은 소리들이
지금, 내 귀 속을 울리고 있다.
비가 내린다.
멀리 떠나갔던 한 친구가 돌아오고 있다.
이 세상이 내 귀 속으로 쏟아내리고 있다.
비가 내린다.
KSh

**Imagination is more important than knowledge.**

상상의 힘은 지식보다 훨씬 위대하다.

- Albert Einstein

# 부록

## 부록 1 영어책 선택 가이드

EFL상황에서 영어를 접하는 아이들의 인지발달정도와 영어수준을 고려하여 본문에서 소개된 영어책을 4단계로 정리하였습니다. 아동의 발달정도에 따라 유연하게 적용하시기 바랍니다.

PRE — Pre-school
만 6세까지

LE — Lower-level Elementary
만 7-9세까지

UE — Upper-level Elementary
만 10-12세까지

M — Middle school and above
만 13세 이상

## 부록 2 영어학습 웹사이트

# 부록 1 영어책 선택 가이드

## PRE

Eric Carle
「Brown Bear Brown Bear What Do You See?」

Sandra Boynton
「Doggies」

Dorothy Kunhardt
「Pat the Bunny」

Herv Tullet
「Press Here」

Mo Willems
「Cat the Cat」 series

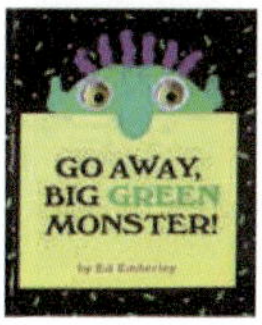


Ed Emberley
「Go Away, Big Green Monster!」

Eric Carle
「From Head To Toe」

Eric Rohmann
「My Friend Rabbit」

Linda Sue Park
「What Does Bunny See?」

Leo Lionni
「On my beach there are many pebbles」

Linda Sue Park
「Bee-bim Bop!」

Linda Sue Park
「mung-mung」

Margaret Wise Brown
「Goodnight Moon」

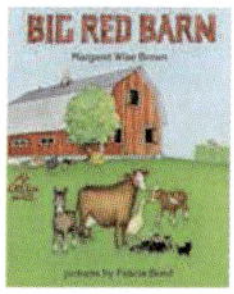


Margaret Wise Brown
「Big Red Barn」

Eric Rohmann
「Clara and Asha」

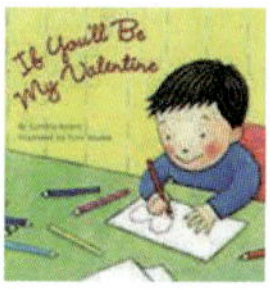


Cynthia Rylant
「If You'll Be My Valentine」

Laura Numeroff
「Happy Valentine's Day, Mouse!」

Linda Sue Park
「Gurple and Preen」

**PRE - LE**

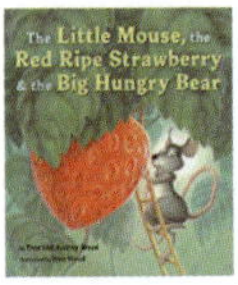


Audrey Wood
「The Little Mouse, the Red Ripe Strawberry, and the Big Hungry Bear」

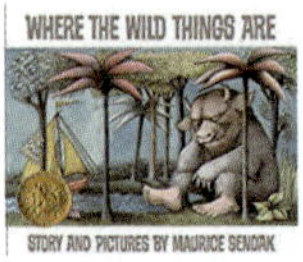


Maurice Sendak
「Where the Wild Things Are」

Simms Taback
「Joseph Had a Little Overcoat」

Lauren Child
「I will Never NOT EVER Eat a Tomato」

Anthony Browne
「Gorilla」

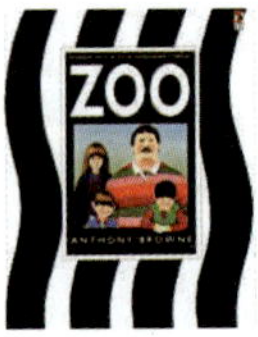


Anthony Browne
「Zoo」

Anthony Browne
「My Mom」

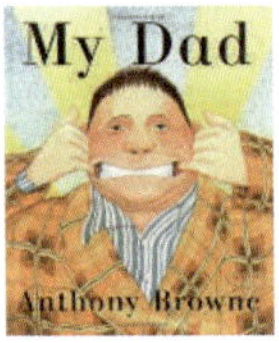


Anthony Browne
「My Dad」

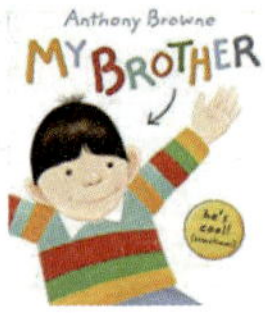


Anthony Browne
「My Brother」

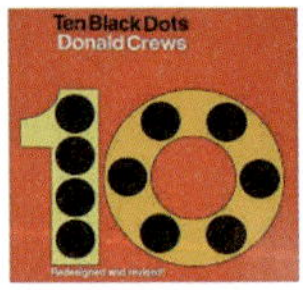


Donald Crews
「Ten Black Dots」

Eric Hill
「Where's Spot?」

Mo Willems
「Elephant and Piggie」 series

Leo Lionn
「Little Blue and Little Yellow」

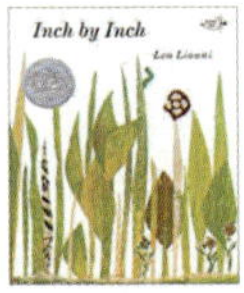


Leo Lionn
「Inch by Inch」

Leo Lionn
「Swimmy」

Leo Lionn
「Let's make rabbits」

Leo Lionn
「A color of his own」

Leo Lionn
「The alphabet tree」

Margaret Wise Brown
「The Runaway Bunny」

Eric Carle
「The Very Hungry Caterpillar」

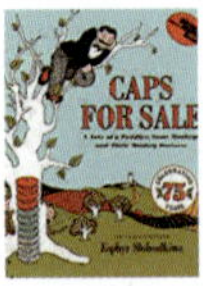


Esphyr Slobodkina
「Caps for Sale」

Lois Ehlert
「Fish Eyes」

Sarah Perry
「If…」

Emma Chichester Clark
「Up in Heaven」

Alice Schertle
「Little Blue Truck's Valentine」

## LE

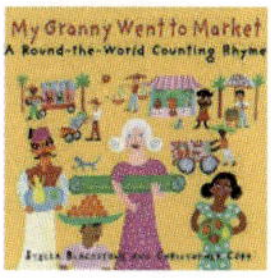


Stella Blackstone
『My Granny Went to Market』

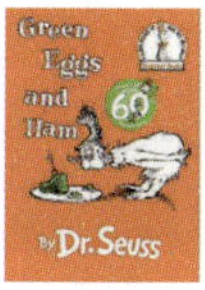


Dr. Seuss
『Green Eggs and Ham』

Dr. Seuss
『The Cat in the Hat』

Dr. Seuss
『Fox in Socks』

Arnold Lobel
『Frog and Toad』 series

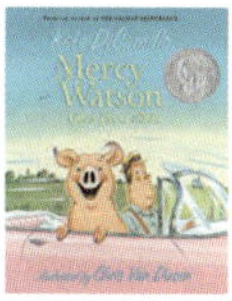


Kate DiCamillo
『Mercy Watson Goes for a Ride』

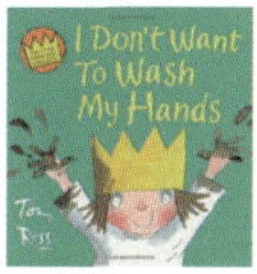


Tony Ross
『Little Princess』 series

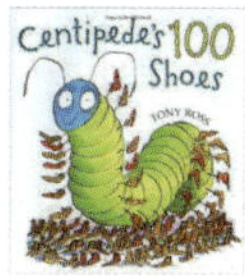


Tony Ross
『Centipede's One Hundred Shoes』

Tony Ross
『The Boy Who Cried Wolf』

Kevin Henkes
『Kitten's First Full Moon』

Margaret Wise Brown
『The Important Book』

Margaret Wise Brown
『The Moon Shines Down』

Oliver Jeffers
『The Way Back Home』

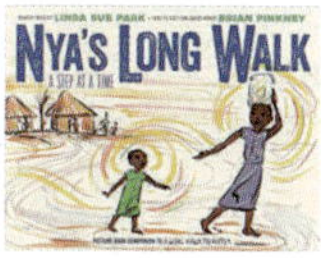


Linda Sue Park
『Nya's Long Walk』

**LE - UE**

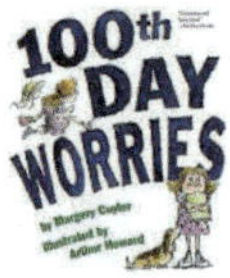


Margery Cuyler
「100th Day Worries」

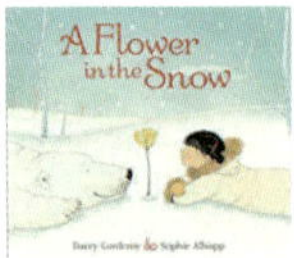


Tracey Corderoy and Sophie Allsopp
「A Flower in the Snow」

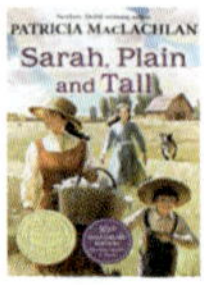


Patricia MacLachlan
「Sarah, Plain and Tall」

Jon Klassen
「This is Not My Hat」

Barbara Lehman
「The Red Book」

Suzy Lee
「Wave」

Mary Pope Osborn
「Magic Tree House」 series

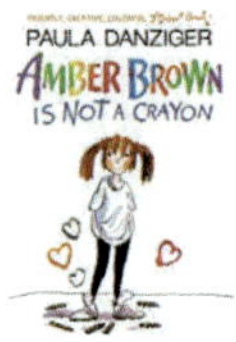


Paula Danziger
「Amber Brown」 series

Ron Roy
「A to Z Mysteries」 series

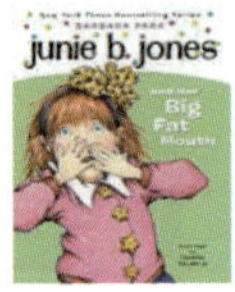


Barbara Park
「Junie B Jones」 series

Mo Willems
「Pegion」 series

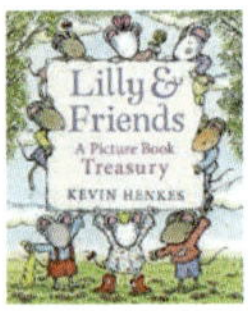


Kevin Henkes
「Lilly and Her Friends」 series

Leo Lionni
「Frederick」

Leo Lionni
「Alexander and the Wind-Up Mouse」

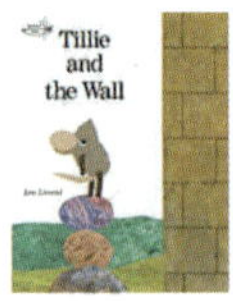


Leo Lionni
「Tillie and the Wall」

Leo Lionni
「Matthew's Dream」

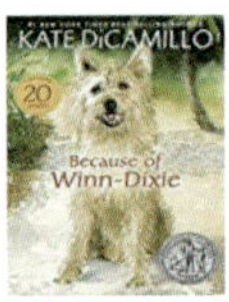


Kate Dicamillo
「Because of Winn Dixie」

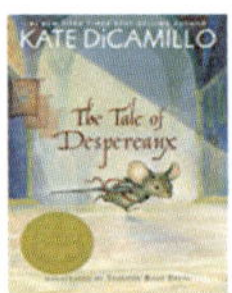


Kate Dicamillo
「The Tale of Despereaux」

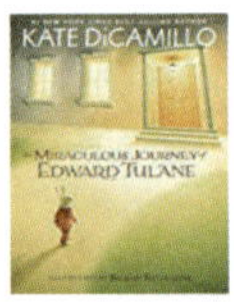


Kate Dicamillo
「The Miraculous Journey of Edward Tulane」

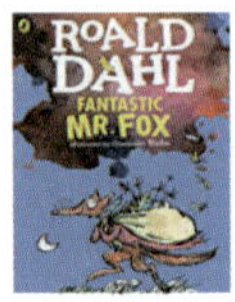


Roald Dahl
「Fantastic Mr. Fox」

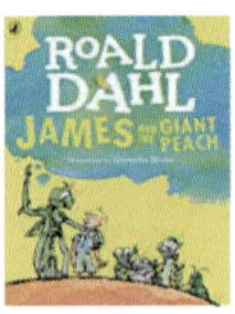


Roald Dahl
「James and the Giant Peach」

Roald Dahl
「James and the Giant Peach: A Play」

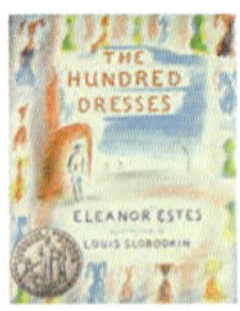


Eleanor Estes
「The Hundred Dresses」

## UE

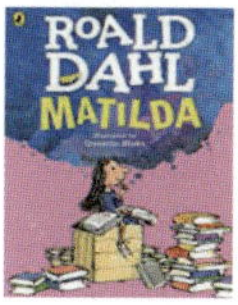


Roald Dahl
「Matilda」

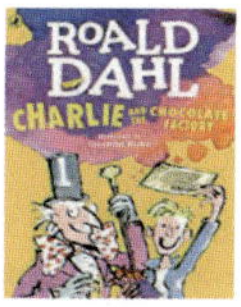


Roald Dahl
「Charlie and the Chocolate Factory」

Alison Jackson
「The Ballad of Valentine」

## UE - M

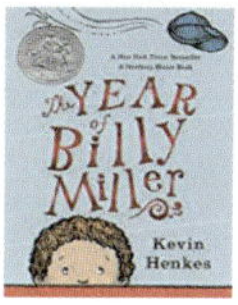


Kevin Henkes
「The Year of Billy Miller」

Linda Sue Park
「SeeSaw Girl」

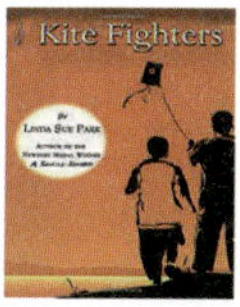


Linda Sue Park
「The Kite Fighters」

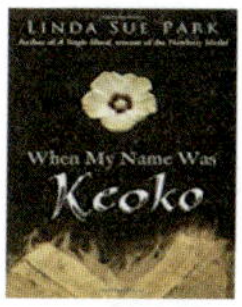


Linda Sue Park
「When My Name was Keoko」

Linda Sue Park
「Project Mulberry」

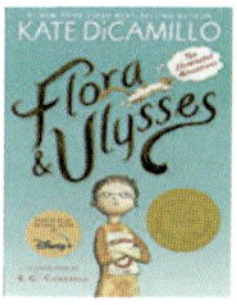


Kate DiCamillo
「Flora & Ulysses: The Illuminated Adventures」

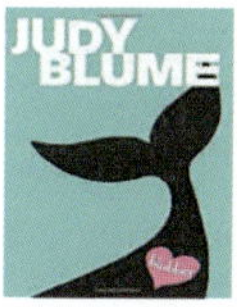


Judy Blume
「Blubber」

Paula Danziger
「The Cat Ate My Gymsuit」

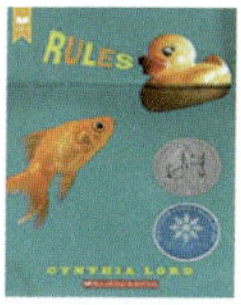


Cynthia Lord
「Rules」

Phyllis Reynolods Naylor
「Shiloh」

## M

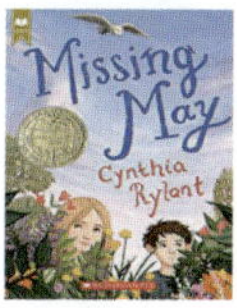


Cynthia Rylant
「Missing May」

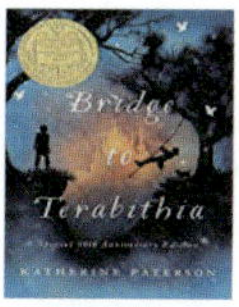


Katherine Paterson
「Bridge to Terabithia」

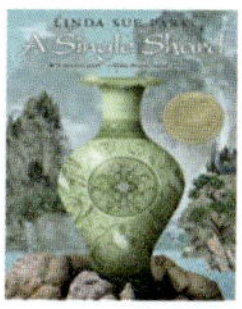


Linda Sue Park
「A Single Shard」

An Na
「A Step From Heaven」

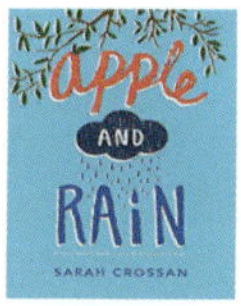


Sarah Crossan
「Apple and Rain」

# 부록 2 영어학습 웹사이트

## 온라인 읽기 자료 웹사이트

Project Qutenberg
http://www.gutenberg.org

LibriVox
https://librivox.org

Pearson English Graded Readers
https://readers.english.com

Story Place
https://www.storyplace.org

Page by Page Books
https://www.pagebypagebooks.com

Library of Congress
https://www.loc.gov/free-to-use/classic-childrens-book

Storyline Online®
https://www.storylineonline.net

OxfordOWL
https://home.oxfordowl.co.uk

## 파닉스·게임 기반 웹사이트

Starfall
https://www.starfall.com/h/

Teach Your Monster to Read
https://www.teachyourmonstertoread.com

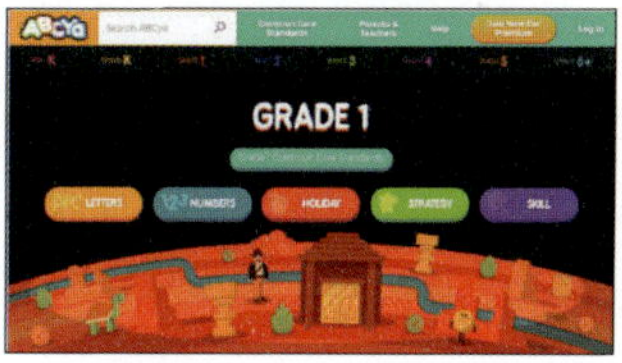


ABCya!
https://www.abcya.com

Reading Bear
https://www.readingbear.org

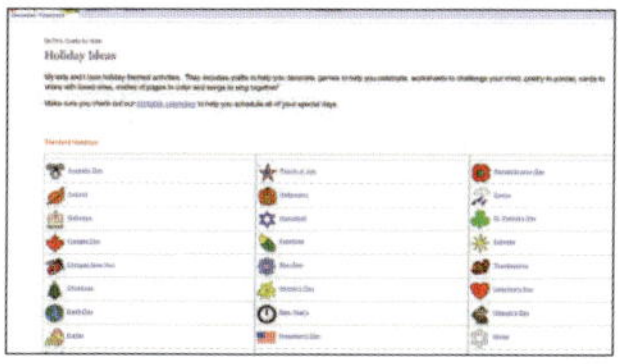


DLTK's Crafts for Kids
https://dltk-kids.com

Go Science Kids
https://gosciencekids.com

## 어휘 수준 측정 프로그램 및 웹사이트

VocabProfilers
https://www.lextutor.ca

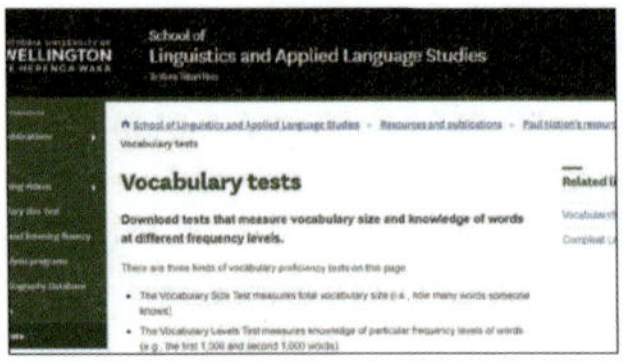


Vocabulary Size Test
https://www.wgtn.ac.nz/lals/resources/paul-nations-resources/vocabulary-tests

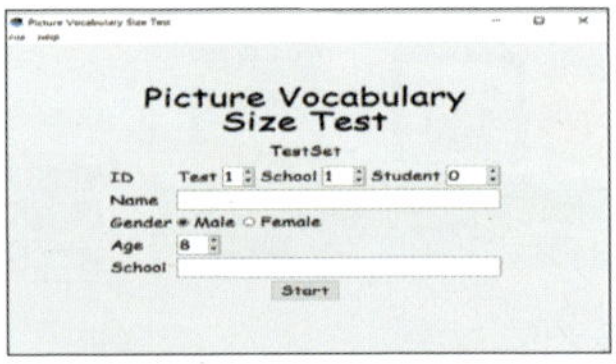


Picture Vocabulary Size Test (PVST)
http://www.laurenceanthony.net/software/pvst/releases/PVST120/PVST_win.zip

## 참고문헌 및 웹사이트


김태영. (2016). 영어교육을 알면 영어가 보인다. 서울: 글로벌콘텐츠.

김혜영, 신동광, 이장호, 김영우, 양혜진. (2019). 영어학습을 위한 인공지능 챗봇 활용 및 제작. 경기: 교육과학사.

안네트 티종, 탈루스 테일러. (2012). 바바파파 학교. 빛글.

ALSC: A Division of the American Library Association. (n.d.-b). Newbery Medal and Honor Books, 1922-Present. Retrieved from http://www.ala.org/alsc/awardsgrants/bookmedia/newberymedal/newberyhonors/newberymedal

ALSC: A Division of the American Library Association. (n.d.). Welcome to the Caldecott Medal. Retrieved from http://www.ala.org/alsc/awardsgrants/bookmedia/caldecottmedal/caldecottmedal/

Anthony, L., & Nation, I.S.P. (2017). Picture Vocabulary Size Test (Version 1.2.0) [Computer Software]. Tokyo, Japan: Waseda University. Available from http://www.laurenceanthony.net/

Asher, J. J. (1977). Learning another language through actions: The complete teacher's guide book. Los Gatos, CA: Sky Oaks Productions.

Awah, I. (2019, July 5). You could be putting your child off readinghere's how to change that. Retrieved from https://theconversation.com/you-could-be-putting-your-child-offreading-heres-how-to-change-that-118409

Bailey, N. (2014, February 2). Setting Children Up to Hate Reading. Nancy Bailey's Education Website. Retrieved from https://nancyebailey.com/2014/02/02/setting-children-up-to-hate-reading/

Bruner, J. (1983). Child's talk: Learning to use language. Oxford, UK: Oxford University Press.

Cameron, L. (2001). Teaching languages to young learners. New York, NY: Cambridge University Press.

Carnegie Mellon University (2007, September 18). Randy Pausch Last Lecture: Achieving Your Childhood Dreams. (2007, September 18). YouTube. Retrieved from https://www.youtube.com/watch?v=ji5_MqicxSo

Carnegie Mellon University. (2007, September 18). Tour of Randy Pausch's Childhood Room. YouTube. Retrieved from https://www.youtube.com/watch?v=_F2e6ClK4b4&t=6s

Carson, B. (1992). Think big: Unleashing your potential for excellence. Grand Rapids, Michigan: Zondervan.

CILIP: The Library and Information Association. (n.d.). The CILIP Carnegie and Kate Greenaway Children's Book Awards. Retrieved from https://carnegiegreenaway.org.uk/

Cobb, T. (n.d.). For data-driven language learning on the web. Compleat Lexical Tutor. Retrieved from https://www.lextutor.ca/

Council of Europe Portal. (n.d.). The CEFR Levels. Retrieved from https://www.coe.int/en/web/common-european-framework-reference-languages/level-descriptions

Day, R. R., & Bamford, J. (1998). Extensive reading in the second language classroom. Cambridge: Cambridge University Press.

Day, R. R., & Bamford, J. (2002). Top ten principles for teaching extensive reading. Reading in a Foreign Language, 14(2), 136-141.

Fryer, L. K., Coniam, D., Carpenter, R., & Lăpuşneanu, D. (2020). Bots for language learning now: Current and future directions. Language Learning & Technology, 24(2), 8-22.

Gardner, H. (1983). Frames of mind: The theory of multiple intelligences. New York, NY: Basic Books.

Gardner, H. (1999). Are there additional intelligences? The case for naturalist, spiritual, and existential intelligences. In J. Kane(Ed.), Education, information and transformation (pp. 111-131). Englewood Cliffs, NJ: Prentice Hall.

Huennekens, M. E., & Xu, Y. (2010). Effects of a cross-linguistic storybook intervention on the second language development of two preschool English language learners. Early Childhood Education Journal, 38(1), 19-26.

Knutson, K.A. (2002). Scholastic reading inventory-interactive academic gain score analysis. West Palm Beach, FL: School District of Palm Beach County.

Krashen, S. (1985). The Input Hypothesis: Issues and Implications. Harlow: Longman.

Krashen, S. (1989). We acquire vocabulary and spelling by reading: Additional evidence for the input hypothesis. The Modern Language Journal, 73(4), 440-464.

Krashen, S. D. (2004). The power of reading: Insights from the research (2nd ed.). Portsmouth, NH: Heinemann.

Krashen, S. D. (2020). Aesthetic Reading: Efficient Enough. Journal of English Language Teaching, 62(2), 3-4. Retrieved from http://www.sdkrashen.com/content/articles/2020_aesthetic_reading.pdf

Lexile: Framework for Reading (n.d.). The Lexile Framework for Reading. Retrieved from https://lexile.com

Nation, I.S.P., & Beglar, D. (2007). A vocabulary size test. The Language Teacher, 31(7), 9-13.

Nation, I. S. P., (2006). How large a vocabulary is needed for reading and listening? Canadian Modern Language Review, 63(1), 59-82.

National Reading Panel (U.S.) & National Institute of Child Health and Human Development (U.S.). (2000). Report of the National

Reading Panel: Teaching children to read: an evidence-based assessment of the scientific research literature on reading and its implications for reading instruction: reports of the subgroups. Washington, D.C.: National Institute of Child Health and Human Development, National Institutes of Health.

Palmer, H. (1964). The principles of language study. London: Oxford University Press. (first published in 1921).

Pausch, R. (2008). The last lecture. New York: Hyperion.

Piaget, J. (1970). The science of education and the psychology of the child. New York, NY: Oxford.

Renaissance Accelerated Reader (n.d.). Accelerated Reader - Overview. Retrieved from https://www.renaissance.com/products/accelerated-reader/

Strauss, V. (2011, December 5). When an adult took standardized tests forced on kids. The Washington Post. Retrieved from https://www.washingtonpost.com/blogs/answer-sheet/post/when-an-adult-took-standardized-tests-forced-on-kids/2011/12/05/gIQApTDuUO_blog.html

Tom, B. (2013). Why You Should Definitely NOT Own All of Your Children's Favorite Books. Building a Library (Finding the Right Books for Your Kid (Through Trial & Error). Retrieved from http://www.buildingalibrary.com/articles/why-you-should-definitelynot-own-all-of-your-kids-favorite-books/847

Vygotsky, L. (1962). Thought and language. Cambridge, MA: MIT Press.

## Illustrator

Plaxina, K. (Illustrator). (2021). Grace Kim's Personal Collection. Seoul: Grace Kim.

## Images (Authors, Books & Worksheets) and Videos

ABCYa. (n.d.). Grade 1 Common Core. Retrieved from https://www.

abcya.com/grades/1
An Na. (2016). A Step from Heaven. Atheneum/Caitlyn Dlouhy.
Beyond Books. (2009, January 25). 40 Years of The Very Hungry Caterpillar [Video]. YouTube. https://www.youtube.com/watch?v=vYG1tLt5GCQ
Blume, J. (2014). Blubber. Atheneum Books for Young Readers.
Boynton, S. (2004). Doggies (Boynton on Board). Libras Paras Ninos.
Brown, M. W. (2017). Runaway Bunny. Harper Collins Publishing.
Browne, A. (1999). Zoo. Red Fox.
Browne, A. (2014). Gorilla. Turtleback Books.
Candlewick Press. (n.d.). Kate Dicamillo [Photograph]. https://www.katedicamillo.com/
Carle, E. (1999). From Head to Toe. Harper Festival Books.
Child, L. (2000). I Will Never Not Ever Eat a Tomato (Charlie & Lola). Candlewick Press.
Clark, E. C. (2003). Up in Heaven. DoubledayBooks for You.
Corpora, M. (n.d.). Kevin Henkes [Photograph]. Greenwillow Books. https://kevinhenkes.com/about/
Crossan, S. (2014). Apple and Rain. Bloomsbury Children's Books.
Cuyler, M. (2006). 100th Day Worries. Simon & Schuster.
Dahl, R. (2007). Fantastic Mr. Fox. Puffin.
Dahl, R. (2013). Matilda. Puffin.
Danziger, P. (2006). The Cat Ate My Jumpsuit. Puffin.
DiCamillo, K. (2009). Mercy Watson Goes for a Ride. Candlewick Press.
DiCamillo, K. (2015). The Tale of Despereaux: Being the Story of a Mouse, a Princess, Some Soup, and a Spool of Thread. Candlewick Press.
DiCamillo, K. (2015). The Miraculous Journey of Edward Tulane. Candlewick Press.
DiCamillo, K. (2015). Because of Winn-Dixie. Candlewick Press.
DLTK's Crafts for Kids. (n.d.). DLTK's Crafts for Kids. Retrieved from https://dltk-kids.com/
Dumont, R/Daily Express/ Hulton Archive/Getty Images. (1971,

December 11). Roald Dahl. [Photograph]. Getty Images. https://www.gettyimages.co.uk/detail/news-photo/british-writer-roald-dahl-11th-december-1971-news-photo/465280065?adppopup=true

Emberley, E. (1992). Go Away, Big Green Monster. Little, Brown and Company.

Estes, E. (2004). The Hundred Dresses. HMH Books for Young Readers.

Free to Use and ReUse Children's Books. (n.d.). Library of Congress. Retrieved from https://www.loc.gov/free-to-use/classicchildrens-books

Gipe, J. (2019, November 5). "Very Hungry Caterpillar" Author Eric Carle Sells Company to Penguin Random House [Photograph]. Wall Street Journal. https://www.wsj.com/articles/very-hungry-caterpillar-author-eric-carle-sells-company-to-penguin-random-house-11572990026

Go Kids: Fun Science at Home. (n.d.). Science Experiments for Kids. Retrieved from https://gosciencekids.com/

Henkes, K. (1993). Owen. Greenwillow Books.

Hill, E. (1980). Where's Spot? Puffin.

Jackson, A. (2002). The Ballad of Valentine. Dutton Juvenile.

Jeffers, O. (2008). The Way Back Home. Philomel Books.

Kanaga, C. (n.d.). Margaret Wise Brown [Photograph]. Brooklyn Museum.

Klassen, J. (2012). This Is Not My Hat. Candlewick Press.

Kunhardt, D. (2001). Pat the Bunny. Golden Books.

Lehman, B. (2004). The Red Book. HMH Books for Young Readers.

LibriVox. (n.d.). LibriVox. Retrieved from https://librivox.org/

Life Cycle of a Butterfly. (2017, July 6). Little Dots Education. https://www.littledotseducation.com/post/2017/06/07/the-very-hungry-caterpillartheme-free-life-cycle-of-a-butterfly-printables

Lionni, L. (n.d.). [Photograph]. https://www.librarypoint.org/blogs/post/leolionni/

Lionni, L. (1969). Alexander and the Wind-Up Mouse. Knopf Books for

Young Readers.
Lionni, L. (2011). Little Blue and Little Yellow. Knopf Books for Young Readers.
Lord, C. (2008). Rules. Scholastic.
MacLachlan, P. (1985). Sarah, Plain and Tall. HarperCollins Publishers Inc.
Mother Goose Club. (n.d.). YouTube. Retrieved from https://www.youtube.com/user/MotherGooseClub?app=desktop
My Dad. (n.d.). Teaching Ideas. Retrieved from https://www.teachingideas.co.uk/library/books/my-dad
My Five-a-Day Channel: Đọc Cùng Con. (2016, June 2). Gorilla -Anthony Browne [Video]. YouTube. https://www.youtube.com/watch?v=DsZn210fGWo
National Geographic Kids. (n.d.). National Geographic Kids. Retrieved from https://kids.nationalgeographic.com/
Naylor, P. R. (2000). Shiloh. Atheneum Books for Young Readers.
Numeroff, L. (2019). Happy Valentine's Day, Mouse! Balzer & Bray.
Osborne, M. P. (1995). Night of the Ninjas (Magic Tree House Book 5). Random House Books for Young Readers.
Oxford OWL for Home. (n.d.). Oxford Owl. Retrieved from https://home.oxfordowl.co.uk/
Page by Page Books. (n.d.). Page by Page Books. Retrieved from https://www.pagebypagebooks.com/
Park, L. S. (2001). A Single Shard. Clarion Books.
Park, L. S. (2004). Mung-Mung. Charlesbridge.
Park, L. S. (2008). Bee-bim Bop! Clarion Books.
Park, L. S. (2019). Nya's Long Walk: A Step at a Time. Clarion Books.
Park, L. S. (2020). Gurple and Preen. Simon & Schuster.
Paterson, K. (1977). Bridge to Terabithia. Harper Collins Publishers Inc.
Pearson English Graded Readers. (n.d.). Pearson English Graded Readers. Retrieved from https://readers.english.com
Penguin Kids. (2019, January 19). Eric Carle Discusses 50 Years of The Very Hungry Caterpillar [Video]. YouTube. https://www.youtube.

com/watch?v=vYwE8qALm9M

Perry, S. (1995). If... J. Paul Getty Museum.

Project Gutenberg. (n.d.). Project Gutenberg. Retrieved from http://www.gutenberg.org

Reading Bear. (n.d.). Reading Bear. Retrieved from https://www.readingbear.org/

Roald Dahl dictionary: 10 of our favourite Gobblefunk words. (2016, May 28). BBC. https://www.bbc.co.uk/newsround/36405434

Rohmann, E. (2005). Clara and Asha. Roaring Book Press.

Rohmann, E. (2007). My Friend Rabbit. Square Fish.

Rong-chang ESL, Inc. (n.d.). ESL Fast. Readers. Retrieved from https://www.eslfast.com/

Ross, R. (n.d.). Tony Ross [Photograph]. HarperCollins. https://www.harpercollins.com/blogs/authors/tony-ross

Ross, T. (2004). I Don't Want to Wash My Hands. Harper Collins Publishing.

Roy, R. (2008). A-Z Mysteries Box Set. Penguin Random House.

Rylant, C. (1992). Missing May (First Edition). Scholastic.

Rylant, C. (2005). If You'll Be My Valentine. Harper Collins Publishing.

Schertle, A. (2020). Little Blue Truck's Valentine. HMH Books for Young Readers.

Sendak, M. (2012). Where the Wild Things Are. HarperCollins Publishing Inc.

Seuss, D. (1965). Fox in Socks. Random House Books for Young Readers.

Sones, S. (n.d.) Linda Sue Park [Photograph]. https://lindasuepark.com/biography/

Starfall Kindergarten Index. (n.d.). Starfall. Retrieved from https://www.starfall.com/h/index-kindergarten.php

Story Online. (n.d.). Story Online. Retrieved from https://www.storylineonline.net/

Story Place. (n.d.). Story Place. Retrieved from https://www.storyplace.org/

Taback, S. (1999). Joseph Had a Little Overcoat. Viking Books for Young Readers.

Teach Your Monster to Read: First Steps Demo. (n.d.). Teach Your Monster to Read. Retrieved from https://www.teachyourmonstertoread.com/demos

TED Ed. (n.d.). TED Ed. Retrieved from https://ed.ted.com/

Umans, M. (n.d.). Mo Willems [Photograph]. https://www.harpercollins.com/blogs/authors/mo-willems

Walker Books. (n.d.). Anthony Browne [Photograph]. https://www.walker.co.uk/contributors/Anthony-Browne-1481.aspx

Willems, M. (2004). The Pigeon Finds a Hot Dog. Hyperion Books for Children.

Willems, M. (2010). We Are in a Book! Hyperion Books for Children.

Willems, M. (2014). Who is That, Cat the Cat? Balzer & Bray.

Wood, D., & Wood, A. (2007). The Little Mouse, The Red Ripe Strawberry, and The Big Hungry Bear. Child's Play International.

## Personal Photographs

이장호. (Personal Photographs). (2021). 이장호's Personal Collection. Seoul: 이장호.

Kim, G. (Personal Photographs). (2021). Grace Kim's Personal Collection. Seoul: Grace Kim.

# 저자 소개

**이장호　중앙대학교 영어교육과 교수**

- 고려대학교 영어교육과 [학사]
- Columbia University, Teachers College 응용언어학 [석사]
- University of Oxford 교육학 [박사]
- 현 한국응용언어학회, 한국멀티미디어언어교육학회 이사
- 중앙대학교 교육대학원 아동영어교육전공 주임(2015~2020)
- 아동영어교육, 멀티미디어를 활용한 영어교육 콘텐츠 개발 다수
- 응용언어학 분야 국제저명학술지 논문 다수

저서
〈영어학습을 위한 인공지능 챗봇 활용 및 제작〉(교육과학사)

**그레이스 김** **㈜ 잉글리시헌트 상무이사/ 중앙대학교 교육대학원 겸임교수**

- 연세대학교 영어영문학 [학사]
- UCLA(University of California, Los Angeles MLIS (아동문학) [석사]
- EBS Lang 초목달 기획, 집필과 강의
- 교육부 주관 EBS 인공지능 학습 메이트 AI펭톡 콘텐츠 개발
- EBSe 교과서 영어 초등 3-4학년 총괄 기획
- EBS Lang 대표 Speaking 원고 집필과 강의
- EBS Lang TOFEL Writing 원고 집필과 강의
- EBSe(EBS English Channel) The World Today, Talk Show 진행
- TEE, EPIK 국립국제교육원, 서울시, 경상북도, 충청남도, 제주 등 다수 교사 연수
- LAPL(Los Angeles Public Library) 미국 LA 시립도서관 아동전문사서, 스토리텔링 전문가
- 미국 LA KTAN TV 뉴스 앵커
- MBC TV 아나운서, 기자

저서

〈EBS 대표 Speaking 1, 2〉(두산 동아)

〈Phonics Hunter〉(지성공간)

〈EBS 초목달〉 My Beautiful Chair 외 115개 Stories

아이가 행복한 영어책 읽기의 모든 것

2021년 3월 15일 1판 1쇄 인쇄
2021년 3월 20일 1판 1쇄 발행

저 자 • 이장호 · 그레이스 김
발행자 • 한정주
발행처 • 교육과학사

경기도 파주시 광인사길 71
전화 • 031)955-6956~8 / 팩스 031)955-6037
Home-page • http://www.kyoyookbook.co.kr
E-mail • kyoyook@chol.com
등록 • 1970년 5월 18일 제2-73호

정가 15,000원

ISBN 978-89-254-1580-2

낙장 · 파본은 교환해 드립니다.
Printed in Korea.
저자와 협의하에 인지를 생략합니다.